KB023422

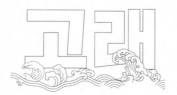

코인시장의 큰손 ⋯ 블록체인의 미래를 만드는 7가지 에너지

고래

학고재

타고난 투자자는 존재하지 않는다. 스스로 갈구하고, 열망하고, 배워야 한다. 우리 대부분은 어른들로부터 '공부 열심히 해서 좋은 대학 가고, 좋은 직장에 취업해서 행복하게 살아라'라는 말을 많이 들었을 것이다. '더 일찍 저축하고, 더 일찍 투자를 시작하면 경제적으로 여유 있는 삶을 누릴 수 있다'라는 이야기를 해주는 어른은 드물다. 인간의 평균 수명은 이전 세대보다 훨씬 길어졌고, 노후를 위해 더 많은 돈이 필요할 수밖에 없다. 노동 소득으로만 여유롭고 행복하게 살 수 있는 사람은 과연 몇이나 될까.

초·중·고등학교 12년간 교과 과정에 '투자'가 빠진 것은 아쉬운 일이다. 학교에서 역사는 가르치면서 자본주의의 발전과 인류의 생활방식을 변화시킨 기술의 발전, 기업의 역할에 대해서는 가르치지 않는다. 수학은 가르치면서 그 수학이 기업을 분석하는데 어떻게 쓰이고, 주식에 투자할 때에 어떻게 활용되는지에 대해서 가르쳐주지 않는다.

주식시장을 보자. 누군가 기업의 주식을 사는 순간 그 돈은 기업에 투자되고, 그 돈을 통해 새로운 일자리가 생겨나고, 더 많은 근로자가 월급을 받을 수 있게 된다. 저축, 투자, 생산, 고용의 선순환 구조가 만들어진다. 암호화폐 시장도 마찬가지다.

투자와 관련된 책은 많다. 대개 기술적 분석을 대표하는 차트 보는 법, 기본적 분석을 대표하는 재무제표 보는 법이 주 내용이다. 저자도 이러한 책을 수없이 봤다. 그러나 실제 투자에 적용하기에는 너무나도 변수가 다양하고 이론을 그대로 적용하기에는 어려움이 많았다. 무엇이 부족한지 고민한 결과, 세력과 경제주체에 대한 이해가 필요하다고 생각했다. 그들을 공부하고 이해한 후 투자하자 성공 확률은 높아졌고 주머니가 든든해졌다.

왜 세력과 경제주체에 관심을 가져야 하냐고? 그들은 나보다 더 뛰어나고 세상을 움직이는 힘이 있기 때문이다. 삼성, 테슬라, 애플, 페이스북. 누구나 한 번쯤은 이 기업의 이름을 들어봤을 것이고 그들은 이미 세상을 이끄는 주류다. 이 기업들이 투자하는 기업에 당연히 관심과 믿음이 갈 수밖에 없다. 세상을 이끄는 주류를 연구하며 그 흐름을 잘 파악한다면 새로운 통찰을 얻을 것이다.

『고래』는 『세력』의 2편이라고 볼 수 있다. 세력이라 하면 주로 주가 조작을 일삼는 작전 세력이라는 어두운 이미지이지만, 『고래』에서 소개할 암호화폐 시장에서의 세력은 블록체인 산업을 이끌어가는 주요 경제주체들이다. 금융 변화의 역사를 되짚어보며 미래를 전망하고, 정부와 금융기관 등 경제주체들이 왜 블록체인 산업에 들어와 암호화폐에 투자하고 있는지를 기술하였다. 암호화폐에 대해 단순히 가격이 아닌 '가치'를 탐구해보는 내용이다.

태동하는 산업에 블록체인이라는 신기술이 적용되는 과도기이다 보니 우리는 정부의 규제, 묻지마 투자자(투자 대상에 대한 이해 없이 주변인의 돈 번다는 얘기만 듣고 무조건 투자하는 것), 새 코인들이 발행되고 금방 없어지고 급등락이 반복되는 실례들을 목격한다. 닷컴버블과 비슷하다. 상승 초기 국면에는 닷컴이라는 글자가 들어간 듣보잡 기업들이 엄청난 수익률을 보였다. 하지만 시장이 커가면서 가짜 기업은 사라졌고 진짜 기업만 살아남았다. 건실한 기업만 성장하며 시장을 선도했고, 살아남은 대형 기업들이 시장을 확장하면서 중소형 IT 기업들도 함께 성장하였다. 암호화폐 시장도 마찬가지일 거다. 진정성 있게 노력하고 있는 코인 개발 업체들이 암호화폐로 자금을 만들고 블록체인 기술에 투자한다면, 기술 발전은 물론 생태계의 구축, 시장 확장과 성장의 선순환 구조가 만들어질 것이다.

암호화폐 산업의 현주소는 어디일까. 과연 그들이 말하는 버블일까? 단순히 버블이라고 치부하기 어렵다. 암호화폐는 블록체인 기술발전 기여에 대한 보상으로 등장했다. 그렇다면 블록체인 기술은 왜 중요한가? 그것은 기술의 본질 '탈중앙화'에 있다. 중앙집권의 폐해를 해결하는 대안으로 현실 세계, 경제, 사회 곳곳에 적용되고 있다. 이 새로운 암호화폐 시장을 만들어가는 '고래'를 만나 그 실상을 파악하고 우리가 설 자리는 어디인지 찾아보자.

김준형, 레오
2021년 여름

66

2021년 6월,

미국 퇴직연금 운용업체 포어스올은 코인베이스와 계약을 맺었다.

자사의 퇴직연금 가입자들이 보유 연금의 5%까지

비트코인 등 암호화폐에 투자할 수 있도록 하기 위해서였다.

미국 국민 대부분이 퇴직연금에 가입해

투자하고 있음을 고려하면 이는 큰 사건이다.

퇴직연금이란 노후를 위한 적립식 저축으로 대부분 안전자산에 투자한다.

그런데 암호화폐에 투자할 수 있게 만들었다고?

이는 암호화폐 시장 확장을 위한 하나의 수단으로 해석될 수밖에 없다.

99

1

정부

바이든 행정부,
바이낸스와 한배를 타다

비트코인, 금융상품이 되다

2021년 2월 18일, 캐나다에서 비트코인 **ETF**가 상장 거래되었다. 역사적 사건이었다. 암호화폐에 대해 부정적 입장만 가득한 정부(금융당국)의 승인을 받아 상장된 세계 첫 사례이기 때문이다. 퍼퍼스 인베스트먼트(Purpose Investment) 자산운용에서 출시한 퍼퍼스 비트코인 ETF(BTCC.U)로 상장 당일 거래 규모가 1,700억 원을 넘어서며 투자자들의 관심을 한몸에 받았다. 캐나다는 미국의 베타 테스트라고 하듯, 투자자들 사이에서 미국 증권당국이 비슷한 상품을 허용할지도 모른다는 기대가 돌고 있다.

지금은 캐나다뿐만 아니라 유럽 주식시장에서도 움직임이 있다. 스웨덴, 스위스, 독일 등의 거래소에서는 **ETN** 형태로 운영하고 있다.

조 바이든 대통령이 미국 증권거래위원회(SEC) 위원장으로 선임한 개리 겐슬러 위원장이 암호화폐 전문가인 점 또한 긍정적 요소로 보인다. 비트코인 ETF를 출시한 퍼퍼스 인베스트먼트의 최고경영자 솜 세이프는 "비트코인의 미래가 밝다. 암호화폐 생태계 속에서 지속적으로 성장하고, 대체 자산으로도 평가받는다"고 말했다.

다음 페이지의 표는 미국 증권거래위원회의 비트코인 ETF 관련 신청·승인 현황이다. 2013년부터 2019년까지 승인 신청이 10건 있었으며 그중 대다수가 거절, 철회되었다.

2020년 코로나 이후 관점이 달라졌다. 사상 초유

ETF
(exchange traded fund)
상장지수 펀드. 주식, 원자재, 채권 등 자산으로 구성되는 거래 목적의 투자신탁(펀드) 상품이다. 주식과 마찬가지로 거래소에 상장되어 주식처럼 거래되고 있다.

ETN
(exchange traded note)
상장지수 증권. 원자재나 주가지수 등 기초자산의 가격 변동에 따라 수익을 얻을 수 있도록 설계한 채권 형태의 상품(파생결합증권)이다.

미국 증권거래위원회에 접수된 비트코인 ETF 승인 현황(2013~2021년)

상품명	회사	승인 요청일	승인 현황
Winklevoss Bitcoin Shares	Winklevoss Cap Mgmt	2013. 07. 01	거절
Bitcoin investment Trust	Grayscale	2016. 03. 22	철회
SolidX Bitcoin Trust	SolidX	2016. 07. 12	철회
EtherIndex Ethrer Trust	Distributed Capital	2016. 07. 15	철회
VanEck SolidX Bitcoin Trust	VanEck&SolidX	2018. 06. 05	철회
Bitwise HOLD 10 Cryptocurrency Index Fund	Bitwise	2018. 07. 24	철회
Bitwise Bitcoin ETF Trust	Bitwise	2019. 01. 10	철회
U.S. Bitcoin@Treasury Invstmnt Trust	Wilshire phonenix	2019. 05. 20	거절
Kryptoin Bitcoin ETF	Kryptoin Invst Advisrs	2019. 10. 28	심사 대기중
Bitcoin Commodity Trust	Wilshire phonenix	2019. 05. 20	심사 대기중
VanEck Bitcoin Trust	Vaneck	2020. 12. 30	심사 대기중
Valkyrie Bitcoin Fund	Valkyrie Investments	2021. 01. 22	심사 대기중
NYDIG Bitcoin ETF	Stone Bridge/NYDIG	2021. 02. 16	심사 대기중
Wisdomtree Bitcoin Trust	Wisdomtree	2021. 03. 11	심사 대기중
First Trust SkyBridge Bitcoin ETF Trust	First Trust&SkyBridge	2021. 03. 19	심사 대기중
Wise Origin Bitcoin Trust	Fidelity	2021. 03. 24	심사 대기중
Kryptoin Bitcoin ETF Trust	Kryptoin invst Advisrs	2021. 04. 09	심사 대기중
Galaxy Bitcoin ETF	Galaxy Digital	2021. 04. 12	심사 대기중
Bitcoin Commodity Trust	Wilshire Phoenix	2021. 04. 16	심사 대기중
VanEck Ethereum ETF	VanEck	2021. 05. 07	심사 대기중
Wisdomtree Ethereum Trust	Wisdomtree	2021. 05. 27	심사 대기중
Ark 21Shares Bitcoin ETF	Ark Investment	2021. 06. 28	심사 대기중
Global X Bitcoin Trust	Golbal X	2021. 07. 19	심사 대기중
Neuberger Berman Commodity Strategy Fund	Neuberger Berman	2021. 08. 11	심사 대기중

출처: 블룸버그

의 바이러스 감염으로 전 세계는 팬데믹을 마주했으며 안전자산이라 일컫는 금과 엔화도 폭락했다. 중앙은행들은 막대한 양의 돈을 풀어 유동성을 급격히 높였다. 그렇지만 이러한 조치가 오히려 중앙은행이 발행하는 화폐의 장기적 안정성과 신뢰를 떨어뜨렸다. 투자자들은 경각심을 느끼고 자산 다각화를 고민하며 탈중앙화 자산인 비트코인에 관심을 보였다.

2020년 하반기부터 2021년 8월 현재까지 미국 증권거래위원회의 비트코인 ETF 승인 신청이 14건 접수되었으며 현재까지 거절 없이 심사 및 승인을 기다리는 상황이다.

재미있는 점은 비트코인 ETF의 승인 과정이 17년 전인 2004년 출시된 미국 최초의 금 ETF(GLD) 진행 과정과 매우 흡사하다는 점이다. 당시 이미 캐나다의 토론토 주식 거래소에 금에 투자할 수 있는 '센트럴 펀드 오브 캐나다(Central Fund of Canada)'라는 폐쇄형 펀드가 상장되어 있었다. GLD 출시 1년 반 전, 호주 주식 시장에서 '골드 불리언 시큐러티(Gold Bullion Securities)'라는 이름의 금 ETF가 상장되어 세계 최초의 금 ETF로 거래되고 있었다.

그렇다면 미국의 금 ETF(GLD) 상장 이후 금 가격은 어떻게 변했을까? 2004년 GLD는 출시한 지 3일 만에 10억 달러(약 1조 1,000억 원)를 모집했고, 2021년 8월 약 590억 달러(약 65조 원)가 넘는 초대형 ETF로 성장했다. 이후 수많은 금 ETF가 상장되어 미국 내에서만 1,000억 달러(약 110조 원)가 넘는 자금이 금에 투자되었다. 2004년 이후 8년간 금 가격은 4배로 증가했고, 이는 미국인들이 금을 투자자산으로 다시 인정하는 계기가 되었다.

투자자 입장에서 비트코인 ETF 출시가 중요한 이유는 디지털 자산의 안정성과 편의성이 동시에 높아진다는 점이다. 현재 비트코인에 투자할 때는 실물계좌

금 ETF 가격 변화 추이

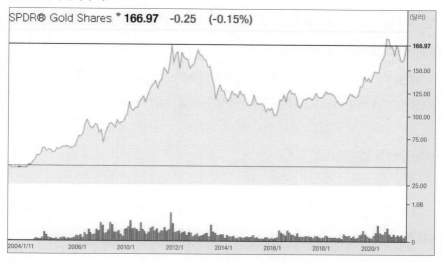

출처: https://kr.investing.com/etfs/spdr-gold-trust

와 연동해 암호화폐 거래소에서 거래해야 한다. 그 절차가 다소 복잡하고 거래소의 안전성도 의심스럽다. 하지만 비트코인 ETF가 출시되면 투자자는 복잡한 절차 없이 투자할 수 있고 수탁사가 투자 금액을 관리하니 신뢰를 가질 수 있다.

2021년 7월 29일, 미국에서 비트코인 관련 최초의 **뮤추얼 펀드**가 출시되었다. 프로펀드(Profunds) 회사의 투자상품인 '비트코인 스트래티지 프로펀드(Bitcoin Strategy Profund)'로 비트코인 선물에 투자하는 미국 최초의 개방형 뮤추얼 펀드이다. 미국에서 비트코인 자체에 투자하는 ETF는 허용되지 않아 비트코인 선물에 투자하는 펀드로 미국 증권거래위원회의 승인을 받았다. 이 펀드는 투

뮤추얼 펀드(mutual fund)
다수의 개인투자자 자본을 모아 주식이나 채권 등 각종 자산을 매매하며 운용되는 상품이다. 뮤추얼 펀드는 펀드마다 위험성, 수익률, 테마가 다양하며 투자자가 희망하는 분야에 투자할 수 있다.

자자들이 비트코인을 암호화폐 거래소에 보관하거나 개인 지갑을 사용하지 않고 암호화폐에 투자할 수 있게 해주며, 프로펀드사의 운용자산은 2021년 현재 약 600억 달러(약 66조 원)에 달한다.

금융기관이 다양한 금융상품을 출시하면 개인의 선택지는 다양해지고, 투자 환경은 더욱 안정화되고 편리해진다. 시장은 커질 수밖에 없다.

비트코인을 법정화폐로

2021년 6월 5일, 미국 마이애미에서 개최된 '비트코인 2021 컨퍼런스'에서 엘살바도르의 나이브 부켈레 대통령이 비트코인을 법정화폐로 도입하겠다는 계획을 밝혔다. 2021년 6월 9일 국회에서 84표 중 62표를 얻으며 그 법안이 통과되었다. 부켈레 대통령은 비트코인 지갑을 출시할 것이라고 했으며, 3비트코인을 투자한 이민자에게 영주권을 부여할 계획이라고 밝혔다. 또한 "비트코인의 변동성 리스크를 줄이기 위해 정부에서 신탁 펀드를 운용해 국민이 손해 보는 일이 없도록 하겠다"고 했다.

엘살바도르는 1인당 국내총생산(GDP) 약 270억 달러로 세계 99위(2019, 한국은행), 인구 651만 명(2021, UN)이다. 중남미 멕시코와 콜롬비아 사이에 위치한다. 엘살바도르의 자국 통화인 콜론은 2001년 폐기되었고 달러를 법정화폐로 쓰고 있다. 국민의 70%가 은행 계좌나 신용카드가 없는 전형적인 현금경제 체제이다. 특히 국내총생산의 20% 이상을 차지하는 해외 거주 노동자들은 고질적 인플레이션으로 어려움을 겪고 있으며 10% 이상의 송금 수수료도 부담해야 한다. 이와 같은 상황에서 비트코인을 법정화폐로 도입하는 것은 인플레이션 헤징이 가능하고, 화폐이기 때문에 양도소득세가 부과되지 않으며, 송금 수수료도 절감할 수 있는 좋은 대안이 될 수 있다.

국제 통화 기금(IMF)은 엘살바도르의 이러한 시도에 대해 불편한 심기를 드러냈다. 2021년 6월 10일, IMF는 공식 성명을 통해 "엘살바도르가 비트코인을 법정화폐로 채택한다면 일련의 위험과 규제 문제가 발생할 수 있다. 암호화폐는 상당한 위험을 초래할 수 있고 이를 제어할 수 있는 효과적인 규제가 중요하다"고 강조했다. 글로벌 금융 시스템을 장악한 기득권층의 입장에선 이들의 시도가 불

나라별 인플레이션 현황(2021년 7월)

나라	소비자 물가지수(YoY)	나라	소비자 물가지수(YoY)
일본	0.2%	뉴질랜드	3.3%
스위스	0.7%	오스트레일리아	3.8%
홍콩	0.7%	독일	3.8%
중국	1.0%	필리핀	4.0%
스웨덴	1.3%	남아프리카공화국	4.9%
프랑스	1.4%	인도	6.3%
인도네시아	1.5%	폴란드	5.0%
아일랜드	1.6%	미국	5.4%
이탈리아	1.9%	멕시코	5.8%
핀란드	2.0%	사우디아라비아	6.2%
싱가포르	2.4%	러시아	6.5%
영국	2.5%	브라질	9.0%
한국	2.6%	터키	19.0%
스페인	2.9%	아르헨티나	50.2%
캐나다	3.1%	베네수엘라	2720%

편했기 때문이다.

엘살바도르는 경제 규모가 큰 국가가 아니지만, 세계 최초로 비트코인을 법정화폐로 도입했다는 것은 상징적인 일이다. 기득권층은 비트코인을 기존 금융산업에 대한 도전이라고 생각한다. 사실, 비트코인의 도입은 기득권자가 가진 것을 직접 빼앗는 것이 아니다. 블록체인 기술을 활용해 새로운 산업을 만들고, 신규 경제 영역을 확장하며 부의 질서를 다시 정립하는 것이다. 개발도상국인 브라질, 베네수엘라, 아르헨티나 등 인플레이션으로 지친 중남미 국가에는 기회인 셈이다. 이러한 점을 고려했을 때, 엘살바도르의 행적은 개발도상국을 중심으로 비트코인을 법정화폐로 도입하게 되는 계기가 될 수 있을 것으로 보인다.

바이든 행정부, 바이낸스와 한배를 타다

최근 미국에 개인 퇴직연금 일부를 암호화폐에 직접 투자할 수 있는 서비스가 출시되었다. 2021년 6월 10일 <월스트리트저널>에 따르면 미국 퇴직연금 운용업체 포어스올(ForUsAll)은 코인베이스와 계약을 맺었다. 자사의 **401k**(미국의 확정기여형 퇴직연금) 가입자들이 보유 연금의 5%까지 비트코인 등 암호화폐에 투자할 수 있도록 하기 위해서였다. 미국 국민 대부분이 퇴직연금에 가입해 투자하고 있음을 고려하면 이는 큰 사건이다. 퇴직연금이란 노후를 위한 적립식 저축으로 대부분 안전자산에 투자한다. 그런데 암호화폐에 투자할 수 있게 했다고? 이는 암호화폐 시장 확장을 위한 하나의 수단으로 해석될 수밖에 없다.

401k
회사가 직원 퇴직금으로 급여의 일정량을 적립하고 정부가 세금혜택을 주는 미국의 대표적 퇴직연금의 한 종류이다.

2021년 6월 15일 미국 증권거래위원회는 2021년 내 비트코인 및 암호화폐에 대한 규제는 전혀 없을 것이라는 견해를 밝혔다. 미국의 투자자들은 인플레이션 헤지 수단으로 암호화폐 시장에 눈을 돌리고 있으며 규제 당국은 표면적으로 제재를 가하는 것처럼 보이지만, 실질적으로 제재를 가하지 않겠다는 태도이다.

정치에는 찬성파가 있으면 반대파가 있다. 암호화폐에 대해서도 찬성 세력과 반대 세력이 있다. 중앙은행, IMF, 재무장관 재닛 옐런 등은 암호화폐 반대 세력으로 볼 수 있다. 재닛 옐런은 '비트코인은 극도로 투기적인 자산'이라고 경고한 바 있다.

그렇다면 왜 미국 증권거래위원회는 '암호화폐에 대한 규제가 없을 것이다'라고 이야기하며 우회적으로 찬성함을 보일까? 개리 겐슬러 위원장과 조 바이든 대통령에 대해 좀 더 알아보면 궁금증이 해소될 것이다.

2021년 4월 미국 대통령 조 바이든이 임명한 미국 증권거래위원회의 수장 개리 겐슬러는 20년간 골드만삭스에서 근무했고 매사추세츠공과대학교(MIT) 슬론경영대학원에서 블록체인과 암호화폐에 대해 강의한 금융인이다. 그는 2018년 "나는 낙관론자로 블록체인 기술이 성공하기를 원한다. 그것은 본질적으로 금융 시스템 흐름에 관한 것이고, 금융 시스템을 정말 강화할 수 있는 신기술이다"라고 말한 바 있다.

그렇다면 조 바이든 대통령은 암호화폐 시장에 대해 어떤 관점을 갖고 개리 겐슬러를 임명했을까? 조 바이든을 후원한 기업은 애플, 아마존, 마이크로소프트, 페이스북, IBM과 같은 IT 기업 그리고 JP모건, 웰스파고와 같은 투자은행이 대부분이다. 이 기업들은 블록체인 및 암호화폐에 친화적인 성향을 띠고 있고 블록체인 시장 발전을 위해 힘쓰고 있다. 특히 애플과 아마존은 블록체인을 활용한 디파이(DeFi. 탈중앙화 금융) 시장에도 뛰어들었다.

더 흥미로운 점은 알라메다 리서치(Alameda Research)가 조 바이든 대통령의 정치자금을 후원했다는 것이다. 알라메다 리서치는 2017년 10월 홍콩에 설립된 디지털 자산기업으로 암호화폐 파생상품 거래소인 FTX를 운영하고 있다. FTX 거래소는 2019년 12월 글로벌 거래소인 바이낸스(Binance)로부터 수천만 달러의 투자와 전략적 조언을 받은 바 있다. 결국, 세계 최대의 암호화폐 거래소인 바이낸스가 조 바이든 대통령을 후원하고 있다는 것이다.

① 미국 증권거래위원회(SEC)의 수장인 개리 겐슬러의 경력, ② 미국 증권거래위원회(SEC)의 입장 발표, ③ 조 바이든 대통령을 후원하는 세력들의 정체, 이 세 가지로 유추해볼 때 암호화폐 시장은 어떻게 될 것으로 보이는가? 당연히 더 확장될 것이다. 이미 거대한 시장이 되어버린 지금, 이 시장을 죽일 수 있을까?

기술 선진국 독일 정부도 긍정적

기술 선진국인 독일 정부는 암호화폐에 대해 긍정적인 태도를 보인다. 암호화폐 투자상품 개발을 촉진하는 환경을 적극적으로 정비하며, 암호화폐와 관련된 새로운 법안이 의회를 통과했다. 이 법안에는 2021년 8월부터 기관투자자가 특수펀드를 통해 암호화폐에 투자할 수 있도록 허용한다는 방침이 포함되어 있다. 특수펀드는 연금회사와 보험사 등 기관투자자만 접근할 수 있는 펀드로 현재 운용자산이 약 1조 8천억 유로(약 2,459조 원)에 달한다. 법안에 따르면 운용자산의 20%인 최대 3,600억 유로(약 490조 원)에 이르는 기관투자자와 부유층의 자금이 암호화폐 시장으로 흘러들어올 가능성이 있다고 독일의 금융신문이 보도했다.

유럽 최대의 경제 규모인 독일에서 암호화폐 시장으로 대규모 자금이 유입된다면 유럽의 다른 국가들도 기관, 기업들이 암호화폐에 직접 투자할 수 있도록 규제를 완화할 것이다.

블록체인, 신산업혁명의 첫 단추를 끼우다

『넥스트 파이낸스』(이용재 외, 2019)는 신기술이 산업혁명을 일으키기 위한 조건을 디지털 트리니티(digital trinity)로 정리했고 기술·시장·환경 세 박자가 조화롭게 균형을 맞추면 산업혁명이 될 수 있음을 이야기한다. 블록체인은 디지털 트리니티를 충족해나가고 있다.

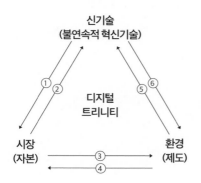

① 신기술이 개발된다.
② 기술의 미래를 보고, 자본이 투자된다.
③ 기술이 시장에 나타나고, 제도가 뒷받침된다.
④ 제도가 정립되고, 시장에 가이드라인이 제공된다.
⑤ 제도가 정립되며, 기술에 대한 가이드라인도 제공된다.
⑥ 기술에 적합한 제도 개선의 필요성이 촉구된다.

자동차의 연비처럼 성능을 개선하는 것은 '연속적 혁신 기술'이고, 이동 수단이 말에서 내연기관차로 전환한 것은 '불연속적 혁신 기술'이다. 이러한 신기술은 자본의 도움을 받아 프로젝트를 이어가야 더욱 발전할 수 있다. 더하여 제도적인 뒷받침이 필요하다. 정부 정책과 규제가 균형 있게 이루어져야만 신기술이 여러 산업에 혁신을 일으킬 수 있다.

블록체인은 불연속적 혁신 기술로 신산업혁명이 되기 위한 첫 단추를 끼웠다. 블록체인 기술과 관련해 세계적 기업들은 어떻게 준비하고 있을까. 세계 각국의 다국적 기업들은 협업을 통해 기술을 개발하거나 스타트업에 투자하는 등 다양한 형태로 블록체인 시장에 스며들며, 미래의 먹거리를 선점하기 위해 치열하게 노력한다. 세계적인 기업, 투자은행은 막대한 자본력을 동원하여 시장을 확장하고 있다. 각국 정부도 암호화폐 관련 각종 규제를 도입하면서 암호화폐는 점차 제도권으로 진입하고 있다.

인터넷의 발달로 일상은 급격히 변했다. 가족과 자동차 여행을 갈 때 전국지도 대신 내비게이션을 쓰고, 손으로 편지를 쓰고 안부를 묻는 대신 키보드로 입력하고 이메일을 보낸다. 통신의 발달로 세계는 점점 가까이 연결되었다. 스마트폰의 등장은 그 연결을 더 촘촘하게 만들었다. 내비게이션 대신 스마트폰 앱(App)을

인터넷과 블록체인

	인터넷	블록체인(디지털 자산)
1. 본질은?	통신(정보 전달)	금융(자본 중개)
2. 프로토콜은?	정보를 생산, 유통	유무형 가치를 생산, 유통
3. 유통은?	인터넷 프로토콜로 만들어진 애플리케이션(App)을 통해 정보 유통	블록체인 프로토콜로 만들어진 애플리케이션(DApp)을 통해 자본(돈) 유통
4. 누가 권력을 가질까?	인터넷 회사(플랫폼사)로 권력이 이동	기존 금융기관(증권사, 은행 등)에서 블록체인으로 권력 이동 기대
5. 무엇을 기대하나?	스팸(부정확한 정보 전달, 정치 선동, 여론 조작, 가짜 뉴스 등), 데이터의 집중화	거짓 정보가 줄어드는 효과, 데이터의 분산화, 탈중앙화

사용하고 손가락 터치만으로 SNS를 통해 지구 반대편에 있는 친구와 대화할 수 있다. 실시간 CCTV를 조회하여 지구 반대편 세상도 즉시 확인할 수 있다. 말 그대로 초연결사회이다.

인터넷의 본질은 정보 전달(통신)이다. 정보를 생산하고 유통하는 표준화된 프로토콜로, 인터넷 애플리케이션(App)을 통해 정보가 유통되며 이를 통해 권력이 형성된다. 인터넷 시대 이전에는 오프라인 방식으로 정보가 전달되었고 당시에는 방송과 신문이 권력의 중심에 있었다. 지금은 플랫폼사(네이버, 다음 등)로 권력이 이동하고 있다.

인터넷이 완벽한 것은 아니다. 인터넷은 네트워크를 통해 전 세계를 가깝게 연결해주었으나 정보의 바다에서 부정확한 데이터는 엄청난 문제를 일으키고 있다. 정치 선동의 도구로 쓰이는 가짜 뉴스만 봐도 그렇다.

블록체인은 기존 인터넷의 문제점을 개선한다. 데이터의 주권이 권력기관에 있는 것이 아니라 정보 자체에 있고 그 신뢰는 분산형 커뮤니티를 통한 보상으로 결정되기 때문에 스팸 정보가 줄어들 것이다. 또한, 유무형의 가치를 생산하고 유통하는 표준화된 프로토콜로 블록체인 기반 애플리테이션(DApp)을 통해 자본(돈)이 유통될 것이며, 기존 금융기관(증권사, 은행 등)이 가진 권력이 블록체인으로 이동되어 탈중앙화, 분권화가 진행될 것이다. 암호화폐는 금융의 인터넷으로 블록체인 기술을 통해 산업혁명을 가져올 것이고, 특히 금융의 혁신을 가져올 것이다.

디지털 트리니티의 세 가지 조건이 점진적으로 구축되고 있다. 그 혁명이 시작되면 속도는 주체할 수 없을 것이다. 선구자와 도태하는 자가 자연스럽게 구분될 것이며, 주요 경제주체 세력들은 선구자가 되고자 발 빠르게 움직일 것이다.

"

미국 최대 투자은행인 JP모건은 2021년 여름,
개인 자산가를 대상으로 비트코인 액티브 펀드를 준비 중이다.
JP모건은 암호화폐에 대해 가장 회의적인 은행이었다.
2017년 JP모건의 제이미 다이먼 회장은 비트코인을 사기라고 비난하며
비트코인을 취급하는 트레이더는 즉각 해고하라고 했다.
2021년 현재, 비트코인에 대한 투자 관점이 완전히 변했다.

"

투자은행

암호화폐의 적,
JP모건이 변하다

2

코인시장의 세력

비트코인 사이클이 도래하면서 코인시장에 세력이 참여하기 시작했다. 비트코인은 4년마다 찾아오는 반감기를 기준으로 상승과 하락 사이클을 보인다. 반감기란 비트코인 채굴량과 이에 대한 보상이 이전에 비해 반으로 줄어드는 시기를 말한다. 반감기를 거치면서 2009년 1블록(채굴 단위)당 50비트코인(하루 생산량 7,200비트코인)이던 보상은 2012년 25비트코인(하루 생산량 3,600비트코인), 2016년 12.5비트코인(하루 생산량 1,800비트코인), 2020년 6.25비트코인(하루 생산량 900비트코인)으로 줄었다.

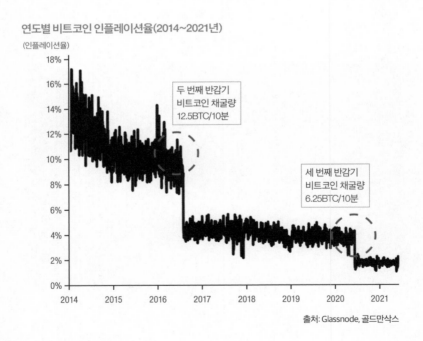

연도별 비트코인 인플레이션율(2014~2021년)

출처: Glassnode, 골드만삭스

2017년의 비트코인 열풍을 만든 것은 오로지 개인의 수급이었다. 현재 비트코인 상승 사이클이 지난번과 다른 점은 '기관'의 참여다. 코로나로 인해 유동성이 증가했고 기관(세력)들은 **헤징(hedging)** 수단으로 암호화폐를 투자자산으로 고려하기 시작한 것이다.

헤징(hedging)
가격 변동으로 인한 손실을 최소화하기 위한 금융 거래 행위를 말한다. 위험을 분산하기 위한 것이다. 다양한 자산에 투자하거나 상반되는 두 자산에 투자하는 등 여러 가지 방법이 있다.

금융기관과 세계적 기업들의 암호화폐 시장 참여는 긍정적 신호로 보인다. 그렇지만 모든 일에 빛과 그림자가 있듯 부정적 세력도 존재하기 마련이다. 돈 냄새를 맡은 일부 코인 재단과 결합한 작전팀과 마켓메이커와 같은 탐욕의 세력은 암호화폐 제도가 허술한 점을 이용한다. 상장폐지 전 개인투자자에게 물량을 넘기

비트코인 차트(2020년 8월~2021년 8월)

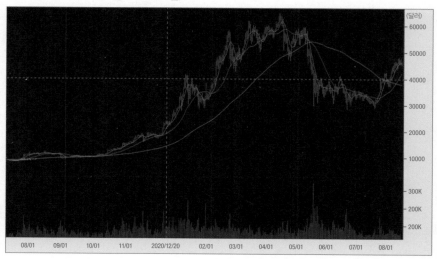

출처: https://www.binance.com/en/trade/BTC_USDT

는 '설거지', '기술도 산업 비전도 없는 묻지마 ICO'가 그러한 예다.

2021년 9월 특정금융정보법 시행을 앞두고 암호화폐 거래소와 작전 세력은 폐업 전 마지막 한탕을 준비하고 있다. 암호화폐는 금융상품으로 인정되지 않기 때문에 금융당국의 관리, 감독 대상에서 벗어나 별도의 감독기관이 없고 암호화폐의 상장심사나 상장폐지의 기준 또한 모호한 상황이다.

금융상품의 경우 중대한 변경사항이 생기면 공시 제도로 투자자들에게 사전 설명한다. 그렇지만 암호화폐는 거래소 또는 암호화폐 재단의 홍보나 공지사항만을 믿고 투자할 수밖에 없다.

암호화폐가 거래소에서 상장폐지되면 그 피해는 고스란히 투자자들이 떠안는다. 상장폐지되면 해당 거래소의 거래 지원은 중단되고 일정 기간 내 해당 암호화폐를 출금해 다른 거래소로 전송해야 한다. 그렇지만 다른 거래소에 해당 암호화폐가 상장되어 있지 않으면 그 암호화폐는 더는 거래할 수 없다.

암호화폐 거래소와 작전 세력은 이와 같은 허술한 제도를 이용해 자신들만 아는 내부 정보로 마지막 한탕을 하며 배를 채우고, 피해자는 속출한다. 암호화폐 업계는 이와 같은 상황을 예방하기 위해 정부가 초기 암호화폐 공개(ICO, initcial coin offering)와 거래소에 대한 가이드라인을 마련해야 한다는 목소리를 높이지만 아직 실현되지 않고 있다.

위와 같이 몇몇 불법 세력과 허술한 ICO 인프라가 국내 암호화폐 산업 생태계의 밑동을 갉아먹는다. 그러나 국내외에서 블록체인 관련 기술과 산업의 혁신이 눈부시게 진전되고 있고 이를 초기에 선점한 세력들은 어마어마한 수익을 거두고 있다. 팬데믹 이후 미국 증시든 국내 증시든 다 올랐지만 2020년 한 해 수익률로 따지면 이더리움과 비트코인을 따라올 자가 없다.

자산별 수익률(2021년 1월~2021년 5월)

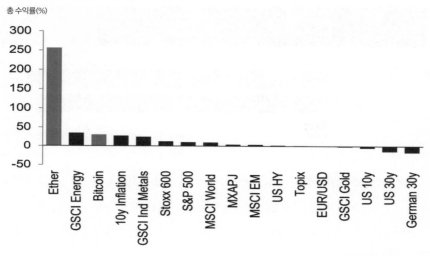

출처: 블룸버그, 골드만삭스

비트코인을 상품처럼 사고팔고 이제는 비트코인이 디지털 자산이 되었다. 비트코인을 자산으로 인식하기 시작한 미국의 헤지펀드들은 2021년 초부터 이미 발 빠르게 포트폴리오에 편입시켰고, 비자나 페이팔에서는 결제 시스템에 비트코인을 허용하기로 하였다. 비트코인이 그 자산가치를 인정받고 결제 수단으로도 사용되고 있어 그 수요는 자연스럽게 증가할 것이다. 수요가 다양한 곳으로 분산되면 가격 변동성도 줄어들 것이다.

2021년 8월 22일 기준, 국가별 비트코인 거래량을 살펴보면 미국 83%, 유럽 5%, 나머지는 일본, 한국, 영국 등이 차지하고 있다. 2017년 비트코인 상승장을 아시아에서 주도했던 것과 달리 미국의 기관 세력들이 시장을 주도하고 있다. 이들은 자산운용사, 대기업, 연기금 등 막대한 자금력을 가진 세력들이다.

전 세계 비트코인 일간 거래 통화량(2021년 8월)

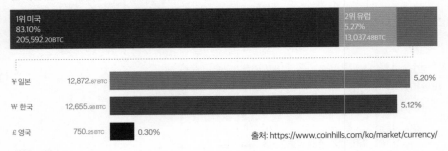

1위 미국 83.10% 205,592.20BTC		2위 유럽 5.27% 13,037.48BTC

¥ 일본　12,872.87BTC　　　　　　　　　　　　　　　　　　5.20%

₩ 한국　12,655.98BTC　　　　　　　　　　　　　　　　　　5.12%

£ 영국　　750.25BTC　　0.30%

출처: https://www.coinhills.com/ko/market/currency/

　비트코인은 암호화폐 시장의 대장이다. 비트코인이 신고가를 갱신하고 횡보하면 **알트코인**이 뒤따라 고점을 갱신하러 간다. 이후 비트코인이 조금 떨어진다 싶으면 이더리움, 비트코인캐시 등 준 메이저 코인의 가격이 상승한다. 100% 맞는 것은 아니지만 대부분 이러한 순환매가 반복되어 나타난다.

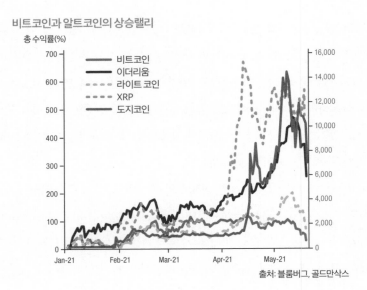

비트코인과 알트코인의 상승랠리

총 수익률(%)

- 비트코인
- 이더리움
- 라이트 코인
- XRP
- 도지코인

출처: 블룸버그, 골드만삭스

비트코인, 알트코인, 준메이저 코인의 순환매

구분	1	2	3
비트코인 가격	상승	횡보	하락
알트코인 가격	하락	상승	횡보
준메이저 코인 가격 (이더리움, 비트코인캐시등)	횡보	하락	상승
비트코인 도미넌스	상승	횡보	하락
이유	비트코인으로 수급이 몰림	시가총액 낮은 알트코인으로 수급이 몰림	덜 오른 준메이저 코인으로 수급 몰림

저자의 개인적인 의견이며, 순환매 순서가 항상 일치하는 것은 아님

암호화폐의 적, JP모건이 변하다

미국 최대 투자은행인 JP모건은 2021년 여름, 개인 자산가를 대상으로 비트코인 **액티브 펀드**를 준비 중이다. JP모건은 암호화폐에 대해 가장 회의적인 은행이었다. 2017년 JP모건의 제이미 다이먼 회장은 비트코인을 사기라고 비난하며 비트코인을 취급하는 트레이더는 즉각 해고하라고 했다. 2021년 현재, 비트코인에 대한 투자 관점이 완전히 변했다.

월가 대형 은행인 모건스탠리는 2021년 3월, 비트코인 전용 펀드를 제공했다. 관련 상품 중 하나인 'FS NYDIG Select Fund' 출시 14일 만에 2,940만 달러(약 330억 원)를 모집했다. 모건스탠리의 비트코인 펀

알트코인(alternative coin)
비트코인을 제외한 모든 코인을 말한다.

도미넌스
전체 암호화폐 시장에서 해당 암호화폐 시가총액이 차지하는 비율. 비트코인의 도미넌스가 가장 높다(40~60% 수준).

액티브 펀드
시장 평균 수익률 이상의 수익을 내기 위해 펀드매니저들이 적극적인 운용전략을 펼치는 펀드를 말한다

드는 보유 자산이 200만 달러(약 22억 원) 이상인 고객에게만 제공되었고, 높은 가격 변동성 때문에 순자산의 2.5%까지만 투자할 수 있었다. 2021년 6월에는 블록체인 기업에 투자를 감행했다. 증권형 토큰 플랫폼사 시큐리타이즈(Securitize)의 시리즈 B 펀딩 라운드를 주도하며 4,800만 달러(약 530억 원)를 모집했다. 암호화폐 관련 상품을 출시하고 블록체인 기업에 투자하며 자산 포트폴리오를 다각화하고 있다.

그뿐만 아니라 골드만삭스도 자산운용 고객을 대상으로 비트코인을 비롯한 디지털 자산 투자상품을 선보이겠다고 밝혔다. 바클레이즈(Barclays), 웰스파고(WELLS FARGO), 시티그룹(CITI) 등 월가를 상징하는 전 세계 다수의 은행이 암호화폐를 투자자산으로 받아들이며 투자상품 계획을 잇달아 내놓고 있다. 투자은행들의 변화는 암호화폐가 주류 자산 시장으로 자리 잡고 있음을 시사한다.

그레이스케일의 자매회사들은 이미 전통 금융기관이다

그레이스케일(Grayscale)은 2013년 미국에서 최초로 설립된 암호화폐 자산운용사로 세계 최대 디지털 자산 운용사 가운데 하나이다. 암호화폐에 투자하는 사람이라면 누구나 한 번쯤은 들어봤을 것이며, 이 회사는 디지털커런시그룹(DCG, Digital Currency Group)의 자회사로, 창업자는 배리 실버트이다. 그레이스케일은 자체적으로 검증한 암호화폐를 신탁 형태의 투자상품으로 만들어 고액 자산가나 기관투자자들에게 판매하여 암호화폐 시장에 참여할 기회를 제공하고 있다.

그레이스케일이 운용하는 암호화폐 신탁펀드 상품 포트폴리오에는 비트코인,

베이직어텐션, 비트코인캐시, 체인링크, 디센트럴랜드, 이더리움, 이더리움클래식, 파일코인, 호라이즌, 라이트코인, 라이브피어, 스텔라루멘, 지캐시가 있다.

1만 개가 넘는 암호화폐 종류 중 그레이스케일 포트폴리오에 포함되었다는 뜻은 그레이스케일의 검증 시스템을 통과했다는 것으로 매우 유망하고 안정적임을 반증하고 있다.

그레이스케일 포트폴리오

SINGLE-ASSET PRODUCTS (Each a "Trust" and collectively, the "Trusts")	Inception Date	Annual Fees	Digital Asset Holdings (millions)[2]	Minimum Investment	OTCQX® Symbol[3]	NET PERFORMANCE AS OF 06/31/2021[1]	
						Trailing 12 Months	Since Inception
Grayscale Bitcoin Trust*	09/25/2013	2.0%	$23,986.8	$50,000	GBTC	280.2%	24,642.9%
Grayscale Basic Attention Trust*	02/26/2021	2.5%	$2.9	$25,000	–	N/A	60.2%
Grayscale Bitcoin Cash Trust	03/01/2018	2.5%	$207.4	$25,000	BCHG	188.5%	-48.0%
Grayscale Chainlink Trust	02/26/2021	2.5%	$5.7	$25,000	–	N/A	16.1%
Grayscale Decentraland Trust	02/26/2021	2.5%	$15.2	$25,000	–	N/A	241.0%
Grayscale Ethereum Trust*	12/14/2017	2.5%	$8,127.2	$25,000	ETHE	1,039.1%	228.7%
Grayscale Ethereum Classic Trust	04/24/2017	3.0%[4]	$877.6	$25,000	ETCG	870.7%	1,545.9%
Grayscale Filecoin Trust*	03/15/2021	2.5%	$3.6	$25,000	–	N/A	24.6%
Grayscale Horizen Trust	08/06/2018	2.5%	$58.9	$25,000	–	1,489.0%	292.8%
Grayscale Litecoin Trust	03/01/2018	2.5%	$273.5	$25,000	LTCN	296.2%	-19.3%
Grayscale Livepeer Trust	03/10/2021	2.5%	$13.5	$25,000	–	N/A	501.6%
Grayscale Stellar Lumens Trust*	12/06/2018	2.5%	$27.4	$25,000	–	467.3%	189.2%
Grayscale Zcash Trust	10/24/2017	2.5%	$50.7	$25,000	–	221.8%	-34.4%
DIVERSIFIED PRODUCTS (the "Fund," and collectively with the Trusts, the "Vehicles")	Inception Date	Annual Fees	Digital Asset Holdings (millions)[5]	Minimum Investment	OTCQX® Symbol[3]	Trailing 12 Months	Since Inception
Grayscale Digital Large Cap Fund*	02/01/2018	2.5%	$401.4	$50,000	GDLC	355.3%	153.6%

출처: https://grayscale.com/wp-content/uploads/sites/3/2021/07/grayscale_deck_july21.pdf

기존의 전통자산을 취급하는 은행이나 금융기관들은 암호화폐에 대하여 부정적일 것이라는 이야기가 많다. 그렇지만, 그레이스케일의 모회사인 DCG의 지배구조를 파헤쳐보면, 그들은 이미 한배를 탔음을 알 수 있다.

웰스파고, 유니온뱅크, HSBC, 시티은행과 같은 세계적 투자은행은 마스터카드(Master Card)를 설립했고, 마스터카드와 나스닥(Nasdaq)은 DCG를 소유하고 있다. DCG는 코인베이스와 KRAKEN 같은 암호화폐 거래소를 자회사로 두고 있고, 그레이스케일, 제네시스 트레이딩 같은 암호화폐 자산운용사도 소유하고 있다. 그뿐만 아니라, 암호화폐 관련 최대 언론사인 코인데스크 지분을 보유하고 있으며, 지캐시, 리플, 디센트럴랜드, 파일코인 등 암호화폐에도 직접 투자하고 있다. 즉, DCG 그룹은 마음만 먹으면 본인이 투자한 암호화폐를 자신들의 거래소에 상장한 뒤, 언론사를 통해 호재를 노출하여 투자신탁의 상품으로도 판매할 힘을 가졌다.

디지털커런시그룹 관계도

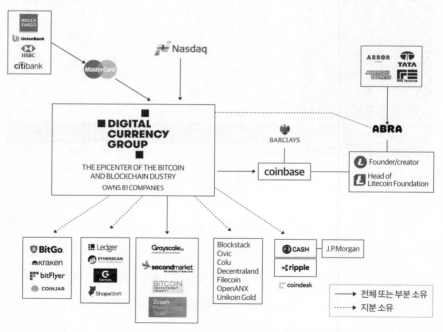

출처: https://cobak.co.kr/community/9/post/535230

400년에서 10년으로 줄어든 금융의 진화 시간

금융의 변화 속도는 점점 빨라지고 있다. 기존 전통 금융 역사(400년)에 대비해 디지털 금융의 변화(10년)는 40배 빠르다. 전파의 속도도 가속화되고 있다.

400년 전통 금융의 역사

주식이라는 개념의 시작은 약 400년 전으로 거슬러 올라갈 수 있다. 1600년 영국 런던에서 설립된 동인도회사가 주식회사의 시작이다. 동인도회사는 엘리자베스 1세로부터 동인도 지역 무역 독점권을 얻어 막대한 수익을 창출했다. 동인도회사는 제주도에 표류했던 하멜 일행의 소속 회사이기도 하다.

10년 디지털 금융의 역사

주식을 거래할 수 있는 증권거래소의 시초는 런던증권거래소이다. 1801년에 설립되어 현재도 운영 중이며 영국 최대이자 세계 주요 증권거래소 중 하나이다.

거래소는 사람들이 주식을 손쉽게 거래할 수 있게 했고 런던을 금융의 허브로 만들었다.

　다음으로 시장에서 남들보다 우수한 성과로 금융 자본을 전문적으로 투자, 관리, 운용하는 전문 금융기관의 등장했다. 1799년 JP모건체이스, 1812년 시티그룹, 1869년 골드만삭스 등 세계적 투자은행이 설립되었다. 시장이 성숙하며 대중적 투자상품이 등장했다. 1993년 뱅가드그룹(Vanguard Group)이 ETF를 발행했는데 이는 대중들이 금융시장에 쉽고 편리하게 다가가는 계기가 되었다.

　암호화폐 시장으로 들어가보자.

　2008년 10월 사토시 나카모토라는 프로그래머(혹은 집단)가 비트코인을 개발해 2009년 1월 프로그램 소스를 배포한 것이 디지털 자산(암호화폐)의 시작이다. 비트코인을 거래할 수 있는 디지털 자산 거래소의 시작은 2012년 설립된 코인베이스를 들 수 있다. 거래소를 통해 디지털 자산(비트코인, 이더리움 등)을 손쉽게 거래할 수 있었다. 디지털 자산 시장이 확장할 수 있는 계기가 되었다.

　디지털 자산을 전문적으로 다루는 전문 금융기관은 2013년 설립된 암호화폐 신탁회사인 그레이스케일(Grayscale)을 들 수 있다. 비트코인, 이더리움, 라이트코인 등 다양한 디지털 자산을 신탁하며 운용하는 회사로 시장에 큰 영향력을 끼치고 있다.

　대중적인 디지털 자산 투자상품은 2017년 12월 28일 시카고선물거래소(CME)에 상장된 비트코인 선물 거래다. 이후 누구나 더 쉽고 편리하게 비트코인을 거래할 수 있게 되었다.

　주식회사가 등장해서 대중적 투자상품을 출시하기까지 약 400년이 걸렸지만,

디지털 자산의 경우 채 10년도 걸리지 않았다. 세상이 변하는 속도가 40배 빨라진 것이다.

금융의 변화 속도와 전파 속도는 급격하게 변하고 있다. 선점하지 못하면 도태될 것이고 선점하면 그 영광을 누릴 것이다. 격차는 점점 커질 것이다.

알고 보자

2020년 금융기관, 디지털 자산 개발 시작하다

2020년은 금융서비스 디지털 자산 개발의 가치를 올린 해이다.

citi
다수 정부기관과
디지털화폐
만든다고 언급

JPMorgan Chase & Co.
IIN 네트워크 리브랜딩
JPM코인 상업화로 전환

Cboe Global Markets
자사데이터 거래가
암호화폐 시장의
새로운 지수로 가능

kraken
와이오밍에
암호화폐 은행 론칭

venmo
아반티가 와이오밍주의
은행 인가받음.
토근형 미국달러 아비트
사업계획 허가

$
비트코인 투자자가
일반 투자자보다
2~3배 이상의 수익

蚂蚁金服 **ANT FINANCIAL**
새로운 블록체인
'앤트체인' 론칭

Goldman Sachs
명목화폐와 관련
암호화폐에 관심

DBS
암호화폐 거래소 론칭 공표

Fidelity
비트코인 수탁 사업
'엄청난 성공'

| 2월 | 5월 | 7월 | 8월 | 9월 | 10월 | 12월 |

VISA
디지털 법정 화폐
특허 추진

US bank
암호화폐 수탁서비스
명확화 기대

MasterCard
맞춤형 CBDC
테스트
플랫폼 론칭

Standard Chartered
암호화폐 수탁 서비스
'Zodia' 론칭

PayPal
암호화폐 구매/판매
가능성 확대 예상

 Square
오픈 소스 특허
라이브러리 개설
암호화폐 기술
컨소시엄 구성

BBVA INVESTMENTS
스페인은행 트레이딩과
수탁 서비스 론칭

SIX
기관 디지털 자산
게이트웨이 내년 런칭

USD Coin
스테이블코인 260억 달러 이상 공급,
연간거래량 1조 달러 초과

38

금융은 얼마나 빨리 전파되나

금융이 변화하는 속도만큼 전파하는 속도도 가속화되고 있다. 금융은 서양에서 시작하여 동양으로 시차를 두고 전파되었고 그 주기는 점점 짧아지고 있다. 서양에서 시작한 금융이 우리나라에 전파되기까지 얼마나 걸렸을까?

	최초(서양)	한국(동양)	전파 속도
주식회사	동인도회사 1600년, 영국	조선은행 1896년	296년
증권거래소	런던증권거래소 1801년, 영국	대한증권거래소 1956년	155년
펀드	해외 식민지 정부 투자신탁 1868년, 영국	안정성장 증권투자신탁 1970년, 한국투자개발공사	102년
뮤추얼 펀드	매사추세츠 인베스터스 트러스트 1924년, 미국	박현주 1호 1998년, 미래에셋	74년
사모펀드	연구개발공사, 휘트니앤컴퍼니 1946년, 미국	보고펀드 2005년	59년
주가지수 선물거래	S&P 500 1982년, 미국	KOSPI200 1996년	14년
ETF	SPRD S&P 500 1993년, 미국	KODEX 200 2002년	9년

"

2021년 7월 <The B word> 콘퍼런스에서 트위터 최고경영자 잭 도시,

테슬라의 테크노킹 일론 머스크,

아크인베스트 최고경영자 캐서린 우드가

비트코인과 암호화폐 네트워크에 관한 논의를 펼쳤다.

콘퍼런스의 결론은 우려와는 달랐다.

'암호화폐의 미래는 밝다.'

'비트코인은 인터넷의 네이티브 화폐가 될 것이다.'

'테슬라는 비트코인을 다시 결제 수단으로 고려 중이다.'

비트코인 가격은 다시 상승하고 있다.

"

테크기업

페이스북, 디엠(Diem)으로
다시 일어서다

퍼스트 무버(first mover)

1980년 미국 매사추세츠주 규제 당국은 '애플'은 너무 위험한 기업이니 투자를 금지한다고 했다. 여러분이 알고 있는 그 기업이 맞다. 현재 전 세계 시가총액 1위를 구가하는 애플.

2019년 '테슬라'는 파산한다는 전망이 우세했다. 온갖 헤지펀드에서 테슬라 주식을 공매도를 치던 시절이 있었다. 그러나 테슬라는 2020년 한 해 동안 엄청난 수익률로 주식 대부분을 압도했다. 네트워크로 연결된 자율주행 기술과 전기차 산업이 일으킬 혁신의 가치를 미리 알아본 스마트 투자자들은 부자가 되었다.

혁신과 혁명은 많은 질타와 비난을 받을 수밖에 없다. 기존에 판을 짜놓은 기득권 세력(establishment)은 그 판을 깨려는 새로운 설계자(disruptor)를 짓밟아야만 자신들이 일구어 놓은 부를 계속 누리고 생존할 수 있기 때문이다.

현재 안티 팬이 가장 많은 자산은 무엇일까? 비트코인이다. 아직 블록체인 기술을 이해하지 못하는 사람들이 너무나도 많다. 개인투자자들이 보기엔 가격 또한 너무 비싸다.

이를 낙관적으로 보면, 새롭게 유입될 투자자들이 여전히 많다고 해석할 수 있다. 새로운 기술이 등장하고 발전하려면 자본의 유입은 필수적이다. 또한, 제도가 명확하게 마련되어야 시장은 건강한 방향으로 커질 수 있다. 왜 기관들은 암호자산에 투자했을까? 세력들은 '계획이 다 있다'. 블록체인이라는 신기술이 바꿀 세상의 변화를 일찍이 판단했을 것이다.

우리도 블록체인 기술이 가진 미래를 통찰하며, 신진 세력이 탄생하고 있는 이 시장을 이해하고 준비할 필요가 있다.

비트코인은 펀더멘털이 없을까? 옛날 리니지나 메이플스토리를 보더라도 잘 키운 캐릭터 하나에 수천만 원이 오갔다. 암호화폐도 이와 같은 선상에서 이해하면 된다. 공급이 제한된 희귀 동전을 생각해보자. 눈에 보이는 현실 세계에서 1800년대 제작된 주화만이 희소성(scarcity)을 갖는 것이 아니다. 디지털 세상에서도 그 희소성 때문에 암호화폐가 가치를 가지며 거래되는 것이다.

금과 비트코인 가격(2021년 3월 17일)

출처: 골드만삭스

디지털 골드로 비견되는 비트코인은 애플이나 테슬라처럼 매출을 발생하는 기업(전통적 의미의 펀더멘털)은 아니다. 하지만 금도 그 자체로 매출을 발생하지 않는, 안전자산으로 인식된 자산이다. 결국, 희소가치를 알아보는 투자자의 인식 정도에 따라 거래가 늘어나고 가격이 올라가는 것이다.

일찌감치 비트코인을 투자자산으로 인식한 미국의 운용사, 연기금, 대기업들은 2021년 초부터 발 빠르게 포트폴리오에 비트코인을 포함하기 시작했고 비트코인 관련 서비스도 준비하고 있다. 미국과 미국의 테크기업들이 움직이면 전 세계로 퍼지는 것은 시간문제다.

애플과 테슬라는 IT 기업이 아니다. 럭셔리 소비재다. 이들이 기업 로고를 박아 티셔츠 한 장을 판다고 하더라도 불티나게 팔릴 것이다. 이게 무형자산이고 팬덤이다. 이러한 기업의 가치를 조기에 알아보고 투자한 사람들만이 부자가 될 수 있다. 지금도 늦지 않았다. 여전히 비트코인을 투기고 버블이라고 치부하는 시선이 우세하다. 특히 대한민국은 더 그렇다.

하지만 이러한 부정적인 사회적 인식에도 불구하고 블록체인 기술을 기반으로 사회를 발전시키기 위해 노력하는 기업도 많다. 유럽에서 미국으로, 구세계에서 신세계로 이동하는 대신 우리는 행성에서 가상공간으로 이동하고 있다. 비트코인은 자산이며 가상공간이다.

페이스북, 단일통화와 코인을 연동하다

미국 테크기업 중 암호화폐의 선두주자인 페이스북(Facebook)은 가상공간의 미래를 준비하고 있다. 페이스북은 2019년 6월, 28개 기업이 참여하는 리브라협회(현재는 디엠협회)를 발족했고, '글로벌 통화 및 금융 인프라를 안정적으로 제공'하는 것을 비전으로 정했다. 이는 스테이블코인 프로젝트로 2019년 당시에는 달러, 유로, 엔화 등 세계 주요 통화로 구성된 통화 바스켓에 연동해 일정 비율로 교환해주는 단일 암호화폐 글로벌 시장을 지향했다.

그러나 리브라 프로젝트는 무산되었다. 당시 리브라는 달러 등 글로벌 기축통화에 대한 도전으로 받아들여져 규제 당국이 반대했기 때문이다.

페이스북은 2020년 12월 리브라를 디엠(Diem)으로 리브랜딩해 달러와 유로 등 몇몇 통화를 통화 바스켓이 아닌 단일통화 1:1로 연동하는 여러 종류의 스테이블코인을 발행하기로 계획했다. 2021년 출시할 것으로 전해진다. 페이스북은 SNS를 통해 세계를 연결하며 급속도로 성장했고, 구축된 생태계를 활용해 블록체인, 암호화폐 그리고 메타버스를 미래 먹거리로 판단하고 적극 투자 중이다.

출처: https://pideeco.be/articles/libra-diem-facebook-crypto-virtual-currency

세계 최대 전자결제 플랫폼도 블록체인으로

세계 최대 전자결제 플랫폼 기업인 페이팔, 비자, 마스터카드 또한 블록체인 기술을 활용해 결제를 지원하는 다양한 서비스를 선보이고 있다. 페이팔은 2020년 10월 팩소스(Paxos)와 파트너십을 체결하고 뉴욕주 금융 서비스국(NYDFS)의 암호화폐 라이선스를 인정받아 페이팔 계정에서 암호화폐를 구매, 보유, 판매할 수 있는 서비스를 출시하였다.

비자는 2015년부터 블록체인 기업에 투자하고 있다. 코인베이스 등 35개 암호화폐 플랫폼과 파트너십을 체결한 데 이어 2021년 3월에는 미국 달러와 연동된 스테이블코인인 USDC를 활용해 암호화폐 결제 시스템 지원에 본격 착수했다.

마스터카드는 암호화폐 파트너를 통해 암호화폐를 전통 화폐로 변환한 뒤, 마스터카드 네트워크를 통해 송금하는 서비스를 고려하고 있다. 최근 암호화폐 거래소인 제미니(JEMINI)와 함께 카드 결제액 일부를 비트코인으로 적립해주는 신용카드를 만들어 연내 출시한다고 밝혔다.

블록체인 결제의 장점은 저렴한 수수료, 보안 안전성이다. 대형 글로벌 결제 플랫폼 기업은 암호화폐 결제 시장에서 주도권 경쟁에 뛰어들었다. 그만큼의 혜택이 고객에게 돌아갈 것이니 윈윈 전쟁임이 분명하다.

IT 컨설팅사, 자산 80%를 비트코인에

미국 나스닥 상장사인 IT 컨설팅사 마이크로스트래티지(MSTR, MicroStrategy)는 보유한 현금성 자산의 80%를 비트코인에 '몰빵'(집중투자)해 기업가치가 크게 상승했다. 2020년 8월부터 2021년 8월까지 27억 4,100만 달러(약 3조 원)를 투입해 총 10만 5,085개의 비트코인을 매수했고, 매수 평균 가격은 2만 6,084달러(약 2,860만 원)에 달한다. 2021년 8월 현재 비트코인이 5만 달러(약 5,500만 원)로 그 가치는

52억 달러(약 5조 7,200억 원), 평가 이익이 2조 7,200억 원에 달한다. 마이크로스트 래티지의 2019년 영업이익이 4억 9,000만 달러(약 5,400억 원)임을 고려하면 12개월 간 비트코인 투자로 5년치의 영업이익을 번 셈이다. 최근 비트코인의 하락으로 수익이 다소 줄었음에도 2021년 6월 회사 보유 주식 최대 10억 달러(약 1조 원)치 를 매도하고, 기관투자자들을 대상으로 4억 달러(약 4,400억 원)에 이르는 회사채 (채권)를 발행한 후 그 현금으로 비트코인을 매수하겠다는 강한 의지를 보였다. 마이크로스트래티지는 전 세계 비트코인 보유 1위 기업(105,085개 보유, 매수 평단 가 26,084달러)이다. 마이크로스트래티지는 현금 그리고 전통자산인 주식과 채권 보다 비트코인의 미래가 더 밝다고 판단한 것이다.

트위터, 비트코인을 찬양하다

전 세계 비트코인 보유기업 4위(8,027개 보유, 매수 평단가 27,407달러) 스퀘어 (Square)의 최고경영자 잭 도시는 (트위터의 최고경영자이기도 하다.) 비트코인 예찬 론자로 유명하다. 그는 "세계는 궁극적으로 하나의 화폐를 가질 것이고, 인터넷 역시 단일화폐를 가질 것이다. 나는 개인적으로 그것이 비트코인이라고 생각한 다"고 이야기했고, "비트코인 기반 금융 서비스 상품 개발을 돕는 플랫폼을 구축 중"이라고 밝혔다.

2021년 7월 <The B word> 콘퍼런스에서 잭 도시, 테슬라의 테크노킹(Tesla TechnoKing) 일론 머스크, 아크인베스트(ARK Invest) 최고경영자 캐서린 우드가 비트코인과 암호화폐 네트워크에 관한 논의를 펼쳤다.

최근 일론 머스크가 암호화폐에 대하여 에너지를 핑계로 부정적 입장을 밝히

비트코인 보유 상위 10위 기업

	총 비트코인 수 199,382,3858	가치 총액 $8,290,183,114	회사 26개사			

#	회사	나라	비트코인 수	초기 가치	현재 가치	보유율
1	MicroStrategy Inc.	미국	105,085	$2,741,000,000	$4,369,362,364	0.5%
2	Tesla	미국	48,000	$1,500,000,000,	$1,995,807,142	0.299%
3	Galaxy Digital Holdings	캐나다	16,402	$134,000,000	$681,983,932	0.078%
4	Square Inc.	미국	8,027	$220,000,000	$333,757,165	0.038%
5	Marathon Patent Group	미국	4,813	$150,000,000	$200,121,245	0.023%
6	Coinbase	미국	4,483	$130,100,000	$186,400,071	0.021%
7	Hut 8 Mining Corp	캐나다	2,851	$36,788,573	$118,542,628	0.014%
8	NEXON Co Ltd	일본	1,717	$100,000,000	$71,391,685	0.008%
9	Voyager Digital LTD	캐나다	1,239	$7,927,182	$51,516,772	0.006%
10	Riot Blockchain, Inc.	미국	1,175	$7,200,000	$48,855,696	0.006%

며 우려를 표했던 것과는 달리, 콘퍼런스에서는 '암호화폐의 미래는 밝다', '비트코인은 인터넷의 네이티브 화폐가 될 것이다' '테슬라는 비트코인을 다시 결제 수단으로 고려 중이다'라는 결론이 도출되었다. 비트코인 가격은 다시 상승하고 있다.

그뿐만 아니라, '세계 최대 전자상거래 업체인 아마존이 연내 비트코인을 결제 수단으로 검토하겠다'는 보도가 나와 비트코인 가격 상승에 불을 붙였다. 아마존은 공식적으로 연내 비트코인 결제 도입을 부인하면서도, 아마존 결제팀이 디지털화폐 및 블록체인 전문가를 고용한다는 구인광고를 올리며 진지한 검토를 하고 있다고 밝혔다. 비트코인 가격의 상승 흐름은 계속되고 있다.

트위터, 테슬라, 아마존과 같은 글로벌 테크기업이 비트코인을 결제 수단으로 활용한다면 그 수요는 더욱 커질 것이고, 가치는 꾸준히 상승할 것으로 보인다.

암호화폐 시장은 버블인가

버블은 사후적 표현이다

2020년 4월 코로나 사태로 글로벌 유동성은 밸류에이션을 비웃는 듯 주식시장의 상승을 이끌었다. **FAANG**주식으로 대변되는 기술주 중심의 성장주 급등, 국내 증시의 가파른 상승 현상과 더불어 비트코인으로 상징되는 암호화폐 시장 과열 현상은 버블 논란을 확산하고 있다. 고평가 논란이 끊이지 않지만, 어제의 고평가가 오늘의 저평가가 되는 현상은 반복되었다.

테크기업의 경우 미국에서는 2020년까지만 하더라도 **만스닥**을 찍으며 버블 논란이 크게 일었다. 하지만 2021년 2월, 1만 4,000포인트를 찍었을 때는 어떠했는가? 버블의 '버'자도 나오지 않았다. 비트코인이 현재 버블 논란의 중심에 서 있지만, 어느 순간 비트코인에서 버블이라는 말은 묻혀버릴 것이다.

닷컴버블 때 '새롬기술'이 투자자들의 관심을 받은 것은 '무료 인터넷 전화', 인터넷으로 국내뿐만 아니라 국제전화까지 무료로 사용할 수 있다는 점이었다. 사용자들이 전화를 사용하는 동안 보는 광고 수입으로 서비스를 무료로 제공한다는 개념이었다. 당시 나이 든 투자자들은 코스닥 시장에 새롭게 진입한 기업들을 이해하지 못했다. 새롬기술 같은 경우는 그래도 설명을 들으면 대충 이해했지만, 인터넷 포털 기업인 '다음'은 무슨 기업인지 도통 감을 잡지 못하는 사람들이 많았다. 다음이 등장할 때 야후코리아를 무찌르고 국내 포털을 만들자는 계획이었다. 인터넷도 사용할 줄 모르는 나이 든 투자

FAANG주식
Facebook, Apple, Amazon, Netflix, Google 다섯 회사의 주식을 뜻한다.

만스닥
미국의 대표적인 기술 성장주 지수인 나스닥이 일만 포인트를 기록하면서 이를 빗대어 표현한 말이다.

자들로서는 포털의 개념을 이해하기란 사실 불가능했다. 현재도 디지털 문화를 자연스럽게 습득한 어린 세대를 제외한 많은 투자자는 블록체인의 개념을 제대로 이해하지 못하는 실정이다.

가격이 크게 상승했다고 버블은 아니다. 오르는 중에는 그것이 버블임을 인지하지 못하며 버블이라는 표현이 등장했다가도 이내 묻혀버린다. 튤립 버블도, 일본 부동산 버블도, 닷컴버블도 그랬다. 버블이 터진 후에야 돌아보고 나서 그것이 버블이었음을 깨닫게 되며, 오르는 중에는 버블을 논할 수 없다. 버블은 사후적 표현일 뿐이다.

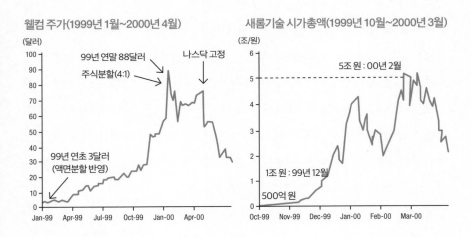

웰컴 주가(1999년 1월~2000년 4월)

새롬기술 시가총액(1999년 10월~2000년 3월)

CEO의 한마디가 버블의 악재인가

지난 버블을 돌이켜보면, 버블이 터지는 순간 시장 참여자들은 그것이 버블임을 인지하지 못했다. 뚜렷한 이유가 있어서 상승한 것이 아니기 때문에 하락에도 뚜렷한 이유가 없다. 사소한 경우가 대부분이다.

비트코인은 2021년 4월 코인베이스 나스닥 상장 후 최고점인 6만 4,000달러 대에서 버블이 터진 것일까? 2021년 5월, 일론 머스크가 테슬라 구매에 비트코인 사용을 중단하겠다고 발표했다. 시중에서는 이를 비트코인 하락 이유 중 하나로 꼽고 있지만, 한 기업 최고경영자의 한마디에 비트코인 가격 버블이 터진다는 것은 어불성설이다. 최근 발표에 따르면 테슬라가 비트코인을 전량 매도하지 않고 계속 보유하고 있으며, 여러 기관은 지금을 저점 기회로 판단하고 계속 매수하고 있다. 세계 최대 헤지펀드 매니저 레이 달리오도 그중 한 명이다. 또한, 하락을 촉진한 중국발 암호화폐 거래 금지, 채굴 금지령은 이미 2017년에 논의되었던 뉴스였다. 말 그대로 이 뉴스는 하락의 이유에 대해 구색을 갖추기 위해 '재탕'되고 있다. 2021년 6월, 중국 채굴업자들이 디지털화폐(CBDC)에 집중하는 정부의 눈치를 보느라 중국에 있는 채굴장을 폐쇄하기 시작했다. 전기료가 싸고 규제가 없는 나라로 채굴장을 옮기며 중국에서 채굴한 비트코인을 매도해 현금화하자 비트코인 가격이 떨어졌다. 이는 비트코인 세력의 주체가 중국에서 미국으로 손 바뀜이 일어난 것으로 판단할 수 있다. 즉, 향후 발생할 중국발 리스크가 제거되는 셈이다. 가격 측면에서는 단기적으로 악재이지만, 중장기적 측면에서 호재로 볼 수 있는 것이다.

비트코인은 2021년 8월, 5만 달러 부근에서 횡보하고 있다. 과연 이것이 버블의 끝을 의미하는 것일까?

66

우리나라는 어떻게 대응하고 있을까?

처음부터 암호화폐에 부정적이던 우리나라 정부·공공기관 대부분은

아직도 부정적 견해를 고수하고 있지만, 일부 기관은 투자를 진행하고 있다.

한 조사에 따르면 중소벤처기업부, 산업은행, 국민연금공단 등

정부·공공기관이 2017년부터 2021년 현재까지

암호화폐 상품에 투자한 금액은

무려 502억 원에 이르는 것으로 알려졌다.

99

4

국내기업

삼성, 한화,
블록체인 생태계를 이끌다

기회는 스스로 찾아야

디지털 자산의 시장 규모는 급속도로 증가하고 있다. 2014년 110억 달러(약 12조 원), 2018년 6,000억 달러(약 660조 원)로 2014년 대비 약 55배 증가했다. 2021년 현재 약 2조 6,000억 달러(약 2,900조 원)로 2018년 대비 4배 증가했다.

국가별 디지털 자산제도 도입 근황

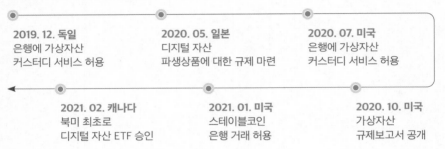

2019. 12. 독일
은행에 가상자산
커스터디 서비스 허용

2020. 05. 일본
디지털 자산
파생상품에 대한 규제 마련

2020. 07. 미국
은행에 가상자산
커스터디 서비스 허용

2021. 02. 캐나다
북미 최초로
디지털 자산 ETF 승인

2021. 01. 미국
스테이블코인
은행 거래 허용

2020. 10. 미국
가상자산
규제보고서 공개

세계 주요 국가에서도 디지털 자산을 점차 제도권으로 편입시키고 있다. 디지털 자산 현물·선물 거래소 등 전문 금융기관 참여가 늘고 대기업들도 시장 진출에 가속도를 붙인다. 디지털 자산 시장이 확대되고 투자 유치 등을 통해 자본시장의 기회도 확장되는 상황이다.

우리나라는 어떻게 대응하고 있을까? 처음부터 암호화폐에 부정적이던 우리나라 정부·공공기관 대부분은 아직도 부정적 견해를 고수하고 있지만, 일부 기관은 투자를 진행하고 있다. 한 조사에 따르면 중소벤처기업부, 산업은행, 국민연금공단 등 정부·공공기관이 2017년부터 2021년 현재까지 암호화폐 상품에 투자한 금액은 무려 502억 원에 이르는 것으로 알려졌다. 직접투자가 아닌 펀드를 통한 간

접투자로, 국내 암호화폐 거래소인 업비트와 빗썸에 투자하는 상품에 투자하고 있다.

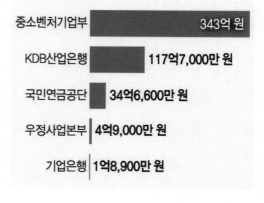

정부, 공공기관 암호화폐 관련 펀드 투자 현황 (2017년 1월~2021년 3월)

눈여겨볼 점은 일부 대기업들의 행보이다. 정부는 규제를 강화하고 있는 반면 시장에 밝은 대기업들은 디지털 자산을 투자의 대상으로 인식하며 초기 단계부터 기회를 호시탐탐 노리고 있다.

삼성, 두 마리 토끼를 동시에

국내 재계 서열 1위인 삼성그룹은 삼성전자, 삼성SDS, 삼성넥스트 등 계열사 3곳을 앞세워 블록체인 생태계 확장에 나서고 있다. 삼성전자는 갤럭시 시리즈를 중심으로 사용자와 직접 맞닿은 블록체인 서비스를 출시하고 있으며, 삼성SDS는 시스템 통합(SI) 계열사로서 기업용 블록체인 플랫폼 넥스레저 유니버설을 기업 고객에게 지원 중이다. 삼성의 해외 투자를 담당하는 미국법인 벤처캐피털 삼성넥스트는 미국 실리콘밸리를 기반으로 블록체인 스타트업에 투자한다.

그중 투자 유치 금액이 크고, 삼성그룹이 두 번이나 투자한 알케미에 대해서 살펴보자. 알케미는 미국 블록체인 개발 플랫폼사로 이더리움 API 기술을 활용하여 기업에 블록체인 서비스를 제공하고 있다. 이 서비스를 통해 이더리움 앱의

70% 이상을 차지하는 약 150억 건의 거래가 처리되었다. '알케미가 시장을 독식하고 있다' 해도 과언이 아니다. 또한, 그들은 이더리움, 플로우 등의 암호화폐를 활용하여 대체 불가능 토큰(NFT, Non Fungible Token) 서비스도 제공하고 있다.

정부/공공기관, 대기업의 암호화폐 관련 현황

구분	정부/공공기관	대기업
2012년	12월, 금융위원회, 암호화폐팀 발족	–
2015년	–	카카오, 업비트 투자 데일리금융그룹, 코인원 인수
2016년	11월, 금융위원회, 기획재정부, 한국은행 등 디지털화폐 제도화 TF 구성	7월, 삼성벤처투자, 블로코(블록체인 솔루션 회사) 투자
2017년	7월, 전자금융거래법 개정안 발의 9월, 정부, 금융위원회 등 합동 TF 회의 9월, ICO 전면 금지 발표 12월, 법무부, 기획재정부, 금융위원회, 국무조정실 등 입법 논의 본격화	넥슨, 코빗 인수 1월, 삼성, 삼성넥스트 출범 10월, 삼성넥스트, HYPR 투자 11월, 삼성넥스트, 대퍼랩스 투자(NFT)
2018년	1월, 법무부, 암호화폐 거래소 폐지 검토(일명, '상가의 난') 5월, 대법원에서 비트코인 재산 가치 인정 판결	10월, 삼성넥스트, 젠고 투자
2019년	1월, 한국은행, '중앙은행 디지털화폐' 보고서 발행	카카오, 클레이 발행 라인, 링크 발행 삼성전자, 갤럭시 S10 디지털 자산 지급 출시 (삼성 블록체인 월렛) 삼성 SDS, 기업형 블록체인 제공(nexledger) SK C&C, 기업용 블록체인 출시
2020년	3월, 국회 특금법 개정안 본회의 의결 6월, 한국은행, 중장기 발전전략 보고서 발표 (CBDC 검토) 10월, 한국은행 CBDC 시범사업계획 발표	신한/국민은행 디지털 자산 수탁산업 진출
2021년	4월, 금융위원장, 가상자산은 투기다. (일명, '성수의 난') 6월, 금융당국, 암호화폐 거래소 29곳 현장 컨설팅 9월, FIU 가상자산사업자 라이선스 도입	3월, 삼성넥스트, NFT 플랫폼사 투자(슈퍼레어) 4월, 넥슨 비트코인 1,717개 매수(1,130억) 4월, 삼성넥스트, 암호화폐 및 NFT 스타트업 투자 (알케미, 젠고)
2022년	1월, 국세청 개인소득세 부과	–

NFT는 대체 불가능한 토큰으로 블록체인 기술을 활용하여 디지털 아트, 게임, 음악, 비디오 등의 고유성을 입증하는 암호화폐이다.

삼성넥스트가 투자한 블록체인 기업 11개 중 4개 사가 (알케미, 대퍼랩스, 슈퍼레어, 니프티스) NFT와 관련된 스타트업이다. 삼성그룹은 NFT에 투자를 시작한 2019년에 이미 NFT를 이해하고, 그 미래를 내다봤던 것으로 보인다.

최초의 NFT는 2014년 뉴욕 박물관에서 열린 한 콘퍼런스 라이브였다. NFT

삼성넥스트, 블록체인 스타트업 투자 현황

투자대상	내용	투자연도	투자규모	비고
블로코	한국 블록체인 전문기업	2016년 2018년	15억 원 100억 원 중 일부	
HYPR	미국 블록체인 기반 생체 인식 암호화 회사	2017년	157억 원 중 일부	삼성패스 생체 인식
슬리버티비	미국 블록체인 기반 스트리밍 플랫폼사	2017년	202억 원 중 일부	
대퍼랩스	미국 NFT 블록체인 게임 개발사	2017년	170억 원 중 일부	갤럭시 S10 블록체인 키스토어
젠고	이스라엘 암호화폐 지갑 개발사	2018년 2021년	45억 원 중 일부 222억 원 중 일부	
알케미	미국 블록체인, NFT 개발 플랫폼사	2019년 2021년	175억 원 중 일부 890억 원 중 일부	
우눔아이디	미국 블록체인 분산 ID 플랫폼사	2020년	미확인	
슈퍼레어	미국 NFT 거래 플랫폼사	2021년	102억 원 중 일부	
DSRV랩스	한국 블록체인 유효성 검증회사	2021년	30억 원 중 일부	
니프티스	미국 NFT 기반 소셜 플랫폼사	2021년	120억 원 중 일부	
멀티버스	블록체인, 인공지능(AI) 융합 시스템	2021년	173억 원 중 일부	

시장 규모는 2018년 4,000만 달러(약 440억 원)로 커졌고, 2020년 3억 4,000만 달러(약 3,740억 원)로 성장하였다. 2년 사이 약 8.5배 성장한 것이다. 최근 암호화폐 시장에서 '2021년은 NFT의 해가 될 것이다'라는 이야기가 떠돌고 있다. 세상에 나타난 지 채 10년도 되지 않은 기술이다. 그 미래는 무궁무진할 것으로 보인다.

다음으로, 왜 삼성은 에이치와이피아르(HYPR)와 우늄아이디에 투자했을까? 공통점은 분산 신원인증(DID, decentralized identity)이다. DID는 기존의 중앙시스템을 통한 신원인증이 아니라, 블록체인 시스템으로 신원을 인증하는 기술이다.

HYPR는 암호 없는 세상을 만들겠다는 목표로 소프트웨어, 정보보안 및 디지털 ID 관련 보안을 블록체인 생체인식 기술을 통해 제공하고 있다. 이 기술은 이미 갤럭시 스마트폰에 '삼성패스'로 구현되어 있다. 지문 인식, 홍채 인식의 기술을 통해 생활을 보다 편리하게 만들었다.

우늄아이디는 '개인은 하나인데, 왜 사이트마다 아이디, 이메일, 비밀번호 등이 필요한가'라는 의문에서 시작하여 블록체인 기술을 통해 ID를 통합하는 서비스를 제공하고 있다. 해당 서비스가 구현되면 사람들은 하나의 아이디로 전 세계에 있는 모든 사이트를 별도의 회원가입 없이 사용할 수 있으며, 여러 개의 비밀번호를 외우고 다닐 필요도 없어진다.

삼성그룹의 이러한 투자에는 효율적인 시스템 구축과 보안 강화라는 두 마리 토끼를 동시에 잡으려는 목표가 있다고 볼 수 있다.

특히, 삼성전자의 사업 특성이 블록체인 산업과 잘 연결되는 점도 투자의 이유가 될 수 있다. 그동안 모바일 시장에는 서버가 별도로 존재하고 단말기(갤럭시 스마트폰)는 단지 뷰어의 역할을 했다. 블록체인 시대에는 서버가 아닌 단말기 자체에 키를 저장할 수 있어 단말기의 중요성이 더욱 커질 것이다.

또한, 단말기의 암호화폐 지갑을 통해 코인의 입출금과 저장뿐만 아니라 대출, 송금 등 금융 서비스 전반으로 확대할 수 있다. 확장성은 그야말로 무궁무진하다. 삼성의 경우 보험, 증권, 카드 등 금융 계열사가 있어 암호화폐 지갑을 통한 시너지 효과도 기대할 수 있다.

한화, 주가 랠리가 이어지다

한화그룹은 블록체인 분야에서 다방면으로 투자를 진행하고 있다. 2021년 2월 한화투자증권은 암호화폐 거래소 업비트의 운영사 두나무 지분 6.15%를 취득하면서 두나무의 7대 주주에 올랐다. 주식 거래 플랫폼 증권플러스 등을 운영하는 두나무의 미래가치에 주목했다고 한다. 두나무 투자가 호재로 작용하면서 지난해 연말 4,000억 원대였던 한화투자증권의 시가총액은 1조 2,000억 원대로 불어났다. 주가 역시 한 달 동안 52.88% 상승하는 등 역대급 랠리를 이어왔다. 두나무가 미국 나스닥 상장을 추진한다는 소식이 알려지면서 주요 주주인 한화투자증권에 자금이 대거 쏠렸다.

2020년 7월, 한화투자증권은 크로스앵글에 40억 원을 투자했다. 크로스앵글은 암호화폐 정보 포털 쟁글의 운영사로, 증권사가 암호화폐 업체의 지분을 사들인 최초의 투자였다. 한화투자증권은 2020년 싱가포르 핀테크 업체인 라이트넷에도 118억 원을 투자했다. 라이트넷은 조달자금으로 블록체인 기술을 개발하고, 한화투자증권은 라이트넷의 네트워크를 활용해 해외 송금 서비스를 준비하고 있다. 싱가포르의 블록체인 기업인 캡브릿지도 한화투자증권의 주요 투자처 중 하나다. 캡브릿지에 48억 원을 투자한 한화투자증권은 블록체인 기반의 디지

한화그룹 주요 지분투자 현황

법인명	사업분야	투자회사명	취득금액	취득시기	지분율
니콜라	수소전기차	한화에너지·종합화학 (그린니콜라홀딩스 설립)	1200억 원	2018년	6.13%
두나무	핀테크	한화투자증권	583억 원	2021년	6.02%
프랑스토탈(합작사 설립)	태양광	한화에너지	약 2조 원(추정)	2021년	50%(추정)
오버에어	개인항공기	한화솔루션	289억 원	2020년	30%
쎄트렉아이	인공위성	한화에어로스페이스	1090억 원	2020년	30%
블루인덱스	블록체인	한화시스템	10억 원	2018년	10%
리케	가상화폐거래소	한화시스템	12억 원	2019년	4.35%
페이저	위성통신 안테나	한화시스템	149억 원	2020년	-
카이메타	위성통신 안테나	한화시스템	330억 원	2020년	9.11%
캡브릿지홀딩스	블록체인	한화투자증권	48억 원	2019년	10.77%
라이트넷	블록체인	한화투자증권	118억 원	2020년	7.95%
아이스탁스	STO거래소	한화자산운용	58억 원	2020년	미확인
크로스앵글	가상자산포털	한화투자증권	40억 원	2020년	미확인

출처: http://www.newsway.co.kr/news/view?ud=20210430183946679332

털 플랫폼 관련 사업을 함께 진행하고 있다.

한화시스템도 2018년 블루인덱스에 10억 원을 투자하며 블록체인 사업을 본격화했다. 블록체인 기술을 활용해 예술품 정보를 투명하게 거래하는 예술품 데이터 플랫폼을 만들기 위한 투자다. 한화시스템은 자체 개발한 기업용 블록체인 플랫폼 에이치체인을 통해 블록체인 시장을 적극 공략 중이다. 한화시스템은 2019년 스위스의 가상화폐 거래소 리케에도 12억 원을 투자했다. 2020년 한화생명의 자회사인 한화자산운용은 증권형 토큰(STO) 거래소인 아이스탁스에 58억 원을 투자했다. 한화자산운용은 2021년 초에도 총 550억 원 규모의 아이스탁스 시리즈A 투자 라운드에 참여한 것으로 알려졌다.

블록체인 전문 투자기업

　국내 블록체인 전문 투자기업에 대하여 알아두어도 좋다. 국가를 선도하는 대기업은 아니지만, 남들보다 빠르게 블록체인에 투자하며 시장에 참여하고 시장을 선도하는 힘을 가졌기 때문이다. 국내의 대표 회사로는 해시드, 블로코어, 100&100벤처캐피탈 등이 있다.

해시드 포트폴리오

출처: http://wiki.hash.kr/index.php/%ED%95%B4%EC%8B%9C%EB%93%9C

　해시드는 2017년 설립된 한국의 대표 블록체인 전문 투자기업이다. 2017년 6억 원의 자본금으로 시작하여 2018년 2,500억 원 이상 규모의 암호화폐 자산을 운용하는 회사로 성장했다.

　해시드는 탈중앙화의 가치와 블록체인 기술의 등장이 인류 문명의 비가역적

블로코어 포트폴리오

출처: https://www.blocore.com/

인 도약을 가져올 거대한 흐름이라고 믿고 있다. 투자와 커뮤니티 빌딩, 액셀러레이션 활동을 통해 탈중앙화 프로젝트들이 빠르고 효율적으로 성장하기를 희망하고 있다.

블로코어는 광고 플랫폼 회사 게임베리가 2018년 설립한 블록체인 전문 투자기업이다. 암호화폐 투자, 토큰 이코노미 설계, 마케팅과 광고 등 토큰 사업화에 필요한 전반을 지원하고 있으며, 약 30여 개의 블록체인 프로젝트에 투자했다.

블록체인 스타트업뿐만 아니라 국내외 대기업 블록체인 관련 비즈니스에 투자 및 협업하고 있으며 자체 펀드와 더불어 추가적인 글로벌 크립토 펀드를 조성하고 있다. 싱가포르, 홍콩, 중국, 미국 등에 거점을 두고 현지 유망 프로젝트에 적극적인 투자를 집행하고 있다.

100&100벤처캐피털은 2017년 설립된 블록체인 전문 투자기업(VC)이다. 현재까지 약 40여 개의 암호화폐 프로젝트에 투자를 진행했고, 운용 중인 자산도 수

100&100 벤처캐피털 포트폴리오

출처: http://100and100capital.com/portfolio/

백억 원에 달하는 것으로 알려져 있다.

국내 블록체인 전문 투자기업의 포트폴리오도 참고하면서 투자 판단을 해도 좋을 것이다. 그들이 왜 이 암호화폐에 투자했는지 정확히 알기는 어렵겠지만, 전문 투자사로서 나름대로 고민을 통해 선정한 암호화폐이기 때문이다. 100% 확률은 아니지만 투자에 성공할 확률을 높여줄 것으로 생각한다.

66

국내 테크기업은 어떤 사정일까?
우리나라를 대표하는 IT 기업인 네이버와 카카오는
블록체인 플랫폼 연구는 물론, 이미 암호화폐를 발행해 유통하고 있다.
네이버는 라인의 자회사 라인테크플러스를 통해 '링크'를 발행했고,
카카오는 블록체인 전략을 총괄하는 카카오G의 자회사인
그라운드X를 통해 '클레이튼'을 발행했다.
기업과 정부가 어떻게 상생 과정을 만들어갈 것인지가
우리의 또 다른 고민이다.

99

5

국내 테크기업

블록체인 기술,
이미 생활 속에 녹아 있다

정부와 테크기업은 평행선인가

정부는 2012년부터 금융위원회, 법무부, 기획재정부, 한국은행 등 여러 부처에서 암호화폐와 디지털화폐(CBDC, central bank digital currency) 관련 논의를 진행했다. 대부분 암호화폐에 대한 투기를 어떻게 잠재울 것인가 하는 규제 논의였다. 한편으로 한국은행이 중심이 되어 CBDC에 대한 검토를 계속하고 있다. 암호화폐의 도입은 반대하지만, 디지털화폐 기술은 수용하는 것이다.

2021년 9월에 시행될 특정금융정보법을 앞두고 금융위원회를 필두로 암호화폐 거래소 현장 컨설팅을 진행하고 있으며, 암호화폐 거래소는 문제가 될 소지가 있는 암호화폐를 자체적으로 유의 종목 지정, 상장폐지를 진행하고 있다.

그렇다면 기업은 어떤가? 삼성, 한화는 이미 블록체인 관련 투자와 프로젝트에 참여하고 있음을 앞 장에서 확인했다. 국내 테크기업은 어떤 사정일까? 우리나라를 대표하는 IT 기업인 네이버와 카카오는 블록체인 플랫폼 연구는 물론, 이미 암호화폐를 발행해 유통하고 있다. 네이버는 라인(네이버 주식회사의 일본 법인 네이버재팬이 출시한 모바일 메신저)의 자회사 라인테크플러스를 통해 '링크'를 발행했고, 카카오는 블록체인 전략을 총괄하는 카카오G의 자회사인 그라운드X를 통해 '클레이튼'을 발행했다. 기업과 정부가 어떻게 상생 과정을 만들어갈 것인지가 우리의 또 다른 고민이다.

네이버 암호화폐 '링크'

라인은 2018년부터 자회사 엘브이씨 주식회사(LVC Corporation)를 통해 블록

라인페이 보상 서비스

출처: https://blockchain.line.me/linkrewards/

체인 플랫폼을 연구 개발하고 있다. 엘브이씨 주식회사 산하에는 암호화폐 링크 발행사인 라인테크플러스, 블록체인 플랫폼 개발사인 언블록, 블록체인 개발을 육성하기 위한 언블록벤처스 등이 있다. 라인은 한국보다 일본에서 보편화된 국민 메신저이다. 일본의 카카오톡이라 생각하면 된다. 실생활에서 라인페이를 사용하며, 라인페이로 결제할 경우 링크를 보상해주기도 한다. 라인페이는 현재 일본 내 결제 시장 점유율 1위다.

링크는 서비스 이용자들에게 보상으로 제공되고, 이용자들은 보상받은 암호화폐를 다시 소비함으로써 라인 생태계를 풍성하게 만든다. 라인을 통해 획득한 암호화폐는 콘텐츠, 게임, 커머스 등 다양한 서비스에 활용된다.

네이버 암호화폐 링크

출처: https://blockchain2-org.line-apps.com/

카카오 암호화폐 클레이튼

출처: https://www.klaytn.com/

카카오G의 '클레이튼'

　그라운드X(Ground X)는 카카오의 블록체인 전략을 총괄하는 카카오G의 자회사로 블록체인 플랫폼 및 서비스 연구 및 개발을 담당한다. 2018년 3월에 설립되었으며 2019년 6월 블록체인 플랫폼인 클레이튼 메인넷을 출시했다. 클레이튼에는 카카오의 주요 자회사들과 LG전자, SK네트웍스, 아모레퍼시픽, 넷마블 등국내외 여러 산업의 핵심 기업들이 거버넌스 카운슬(블록체인을 운영하는 노드)로참가 중이다. 거버넌스 카운슬은 클레이튼 플랫폼을 운영 및 활용하는 파트너들이다. 페이스북의 리브라협회와 유사한 조직이라 볼 수 있다. 클레이튼은 64개의디앱(DApp)을 개발하고 이용자 수는 빠르게 증가하고 있다.

클레이튼 거버넌스 카운슬

출처: https://www.klaytn.com/governance-council

카카오가 블록체인 사업을 통해 얻고자 하는 것은 두 가지가 있다.

첫째, 블록체인 생태계의 확장이다. 디앱(DApp)의 증가는 생태계를 확장할 것이고, 생태계가 확장되면 암호화폐의 시가총액이 증가할 것이기 때문이다.

둘째, 카카오 생태계 강화이다. 카카오는 이미 2019년 자체 리워드 시스템인 카카오콘을 개발했다. 카카오콘을 통해 이용자에게 보상으로 '콘'을 지급하고, 이를 다시 카카오 생태계에서 사용하는 선순환 구조를 만들려는 것이다.

우리나라 국민 대부분이 사용하는 카카오톡에는 '클립'이라는 디지털 자산 지갑이 들어가 있으며, 서비스 체인을 활용한 자체 보상 시스템인 카카오콘을 이미 개발해 활용 중이다. 카카오 계정을 통해 멜론 등을 정기 결제할 경우 보상으로 콘이 주어지고, 이용자는 콘을 통해 이모티콘을 구매하거나 각종 이벤트에 참여할 수 있다. 이미 블록체인 기술이 우리 실생활에 녹아 있다.

편리하고 선명한 탈중앙화, 그러나 제도는 필요하다

최근 암호화폐에 대한 투자 광풍이 불고 있다. 그러나 2017년 광풍과 2021년의 광풍은 다르다. 암호화폐의 종류도 늘어났고, 다양한 기관들의 자본이 유입되고 있으며, 코로나로 유동성마저 넘치고 있다.

코인마켓캡(CoinMarketCap)에 따르면 2021년 4월 15일 암호화폐 14개 거래소의 1일 거래대금은 약 24조 원으로 코스피와 코스닥 시장의 3월 하루 평균 개인투자자 거래 금액 약 19조 원을 넘어섰다. 시장은 급격하게 팽창하고 있으나 제도는 그 속도를 따라가지 못해 여러 부작용이 발생하고 있다.

2021년 9월부터 거래소는 <특정 금융거래정보의 보고 및 이용 등에 관한 법률>

에 따라 은행으로부터 실명 확인 입출금 계좌를 받아야 영업할 수 있다. 그렇지만 구체적인 조건이나 기준은 제시되지 않았고, 은행이 자체 기준을 마련해 평가하고 결과를 책임져야 한다.

암호화폐 거래소 상장 관련 법규나 가이드라인은 없다. 코인을 발행하는 코인 재단이 민간 거래소에 상장을 신청하면 자체 심의위원회를 통해 사업성, 재단 투명성 등을 확인한 뒤 상장 여부를 결정하는 시스템이다. 이는 기업들이 주식시장에 상장하기 위해 자기자본, 규모, 매출액, 감사 의견 등 최소 9가지 심사 기준을 충족하고 6개월 이상의 절차를 거치는 것과 크게 차이가 있다.

반면에 과세 제도는 이미 도입되었다. 2020년 7월 22일, <세법 개정안>에 암호화폐 과세방안을 발표했다. 2022년부터 암호화폐를 분리과세 대상으로 분류하여 양도하거나 대여해 발생한 소득을 기타소득으로 분류하고 세율을 20% 적용할 예정이다.

젊은 세대들이 암호화폐에 열광하는 이유는 부의 사다리가 걷어차였다는 데 있다. 경제적 자유를 성취하거나 부의 증식을 위한 수단으로서는 사업, 부동산 그리고 주식이 있다고 생각하는데 코로나로 인해 사업을 하기에는 위험이 크고, 부동산은 각종 규제의 도입과 함께 가격이 천정부지로 올라 젊은이들의 자산 증식 기회가 사라져버렸기 때문이다. 돈 벌 수 있는 수단 자체가 사라졌다는 암울한 상실감이 암호화폐에 대한 젊은 세대의 관심을 더욱 등 떠민다.

기득권 세력은 암호화폐(블록체인)의 본질은 고려하지 않고, 규제와 제도적 보완 장치만 도입해 그들의 기득권을 지키려고 한다. 왜 젊은이들이 디지털 자산에 열광하는지 그 원인을 찾으려 하지 않는다. 중앙은행이 CBDC를 도입하려는 것도 그들의 기득권인 통화주도권을 빼앗기지 않기 위함이다.

암호화폐란 탈중앙화된 화폐로 중앙정부 기관의 통제, 감시에서 벗어나 개인 간 거래를 보다 편리하고 투명하게 하고자 하는 사유에서 시작되었다. 암호화폐 및 블록체인 기술에 대한 제도나 법규, 소비자를 보호할 수 있는 제도는 턱없이 미비한 상태에서 세금에 대한 법규만 구체적으로 논의되어 다소 일찍 도입된 것은 아쉽다.

정부는 2012년부터 암호화폐 관련 각종 합동 TF를 운영해왔다. 2021년 5월 암호화폐 관리 감독과 제도개선 분야는 금융위원회, 블록체인 산업 육성을 위한 기술발전 분야는 과학기술정보통신부, 암호화폐 거래의 불법과 불공정 행위 관련해서는 국세청과 관세청이 주관하겠다고 정했다. 주관부서를 정하기까지 10년이 걸렸다.

이제라도 암호화폐 관련 주관부서를 구축하여 적극적으로 대응하겠다는 것은 잘한 일이다. 그렇지만 암호화폐 광풍이 사회적 문제로 번지지 않게 하기 위해서는 무조건적 통제와 규제보다는 블록체인의 본질과 산업의 미래를 이해하고, 건전한 투자 문화를 형성할 수 있게끔 환경을 조성해야 한다. 정부와 금융당국이 깊이 있는 고민과 다양한 분석을 통해 실용성 있는 제도적 장치를 마련해 줄 것을 기대해본다.

66

비트코인은 부의 불평등을 줄이기 위해 나온 산물이자
기축통화인 달러화의 지위에 대한 도전이다.
세계 금융시장은 너무나 오랜 시간 동안
달러화 자산을 중심으로 움직여왔다.
암호화폐의 출현은 이러한 불공정한 질서에 대한 도전이다.

99

탈중앙화

아무도 이것을 막을 수 없다,
중국도!

블록체인, 암호화폐 그리고 CBDC

　블록체인은 분산원장(distributed ledger)을 통해 신뢰를 확보하는 기술이다. 분산원장은 거래 정보를 기록한 원장을 특정 기관의 중앙화된 서버가 아닌 분산화된 네트워크에서 참여자들이 공동으로 기록 및 관리하는 기술이다. 거래 내역이 네트워크 참여자 모두에게 공유되는 형태이기 때문에 내 자산의 소유자가 '나'라는 것을 장부에 참여한 모두가 보증하게 된다. 거래가 발생하면 순차적으로 연결된 블록을 따라 참여자 전부에게 인증을 받기 때문에 중앙기관의 통제 없이도 신뢰를 갖고 거래할 수 있으며 위조가 불가하다. 여러 온라인 거래 기록을 묶어 하나의 데이터 블록(block)을 구성하고, 해시(hash) 값을 이용해 블록을 체인(chain)으로 연결한 뒤, 이 데이터를 **P2P**방식으로 전 세계 컴퓨터에 분산해 저장하고 관리한다. 그래서 블록체인(blockchain)이라 한다. 블록체인은 국가 또는 정부, 민간기업, 개인 등 블록체인 네트워크 기술을 활용할 수 있는 누구나 주체가 될 수 있다.

　블록체인의 장점은 다음과 같다. 첫째, 중개인이 필요 없다. 개인 간 화폐 거래, 자산 거래 등 모든 종류의 거래를 중개인 없이 전자적으로 신뢰를 확보할 수 있다. 둘째, 비용이 적게 든다. 중개인이 없으므로 기존 대비 거래 비용을 획기적으로 낮춰 거래를 활성화할 수 있다. 셋째, 보안성과 투명성이다. 탈중앙화를 기반으로 보안이 철저하고 서비스가 투명하며, 거래 속도가 빨라 송금 등 기존 금융 서비스의 비효율성을 크게 개선할 수 있다. 넷째, 불평등을 줄인다. 거래의 활성화에 기여한 가치 생산

P2P(peer to peer network)
서버의 도움 없이 모든 노드들이 서버와 클라이언트의 역할을 동시에 수행하며 직접 교환을 통해 디지털 자원을 함께 공유한다.

네트워크의 유형

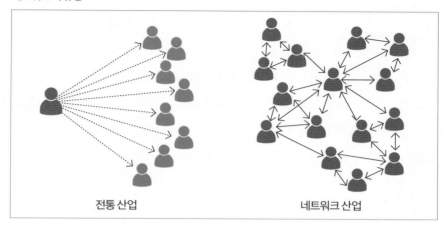

전통 산업   네트워크 산업

자에게 보상이 적절히 이루어지도록 해 경제적 불평등을 줄이는 장점이 있다.

암호화폐는 블록체인 기술 활성화의 보상으로 만들어졌다. 암호화폐의 시초는 비트코인이며, 블록체인 기술을 개발하고 자발적으로 참여해 기술 검증을 해온 참여자에게 인센티브를 부여하여 가치가 생겼다. 비트코인은 금융기관(중개인)을 거치지 않고 지불자가 직접 전자화폐를 전송하는 P2P 방식을 이용한다. 중앙정부에 대한 불신(무기한 양적 완화, 서브프라임 사태 등)에서 비롯된 산물이다. 즉, 비트코인의 등장은 국가기관이 수백 년 동안 해온 신뢰 보증의 역할이 컴퓨터 프로그램을 통해서도 가능하다는 것을 증명한 사건이다.

2008년 미국 금융위기 때 월가의 탐욕이 서브프라임 모기지 사태를 불러왔고 금융 시스템이 붕괴되었다. 기축통화인 미국 달러가 마구 살포되었다. 월가 금융기관들은 살아남기 위해 해외에서 자산을 팔고 미국으로 달러를 송금했다. 달러

이머징 국가
신흥 개발 국가를 의미하며 특히 높은 성장률이 특징이다. 이머징 마켓, 이머징 마켓 국가 등으로도 쓰인다.

환율이 치솟았다. **이머징 국가**에서는 미국 자본이 철수되며 동시에 자국 통화가치가 떨어졌다. 미국에서 터진 사고가 이머징 국가로 화살이 간 것이다. 금융위기가 터지면 일자리가 사라지고 자산가치는 올라가 부의 불균형이 심화된다. 정부와 중앙은행은 돈을 살포하고, 은행이 보유한 국채를 자본시장에서 사들인다. 대기업들은 이를 이용해 부를 키운다. 돈이 풀리면 이자율이 떨어지므로 자산 가격은 저절로 오른다. 자산 가격의 상승은 부익부 빈익빈, 경제적 불평등을 야기한다.

미국발 금융위기 당시 이에 대응한 각국의 금융정책은 각국 금융위기가 더 커지기 전에 잠재운 효과는 분명히 있었다. 하지만 많은 국민은 이들의 대처에 불만을 표했다. 자신들이 낸 세금이 금융위기를 불러온 금융기관이나 대기업을 구제하거나, 양적완화로 인위적으로 경기를 살리는 데 사용되는 게 못마땅했다. 이런 불만은 중앙은행이 화폐를 발행하고 통제하는 현행 법정화폐 시스템과 미국 달러화가 기축통화로 기능하는 국제 금융 시스템에 대한 회의로 연결되었다. 이에 대한 대안으로 나온 것이 비트코인이었다.

비트코인은 부의 불평등을 줄이기 위해 나온 산물이자 기축통화인 달러화의 지위에 대한 도전이다. 세계 금융시장은 너무나 오랜 시간 동안 달러화 자산을 중심으로 움직여왔고, 암호화폐의 출현은 이러한 불공정한 질서에 대한 반발 심리로 보인다. 반감기라는 인위적 프로그래밍과는 상관없이 2017년과 2020년 두 차례 암호화폐 가격이 상승했다. 두 번 모두 미국 10년 만기 채권의 실질금리가 마이너스를 기록한 직후 나타났다는 사실이 암호화폐 등장의 배경을 충분히 설명한다.

기존 금융 시스템 내의 은행은 근본적으로 대출 금리와 예금 금리의 차이, 즉 예대마진으로 수익을 창출한다. 고객이 내는 수수료로 금융기관(중개인)의 운영비를 충당하는 것이다. 암호화폐 시스템은 어떻게 운영될까? 암호화폐는 컴퓨터 프로그램을 통해 운영되므로 별도의 중개인이 필요 없다. 기계 구입비, 전기료 등 컴퓨터의 시스템 운영비만 마련하면 된다. 암호화폐 채굴자들이 시스템에 참여(채굴)해 비트코인을 보상으로 받고, 참여자들로 이루어진 시스템(네트워크)이 운영되는 것이다.

미국 실질금리와 암호화폐 가격 추이

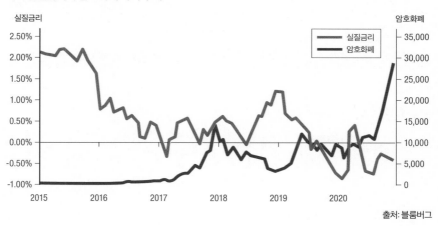

출처: 블룸버그

기존 금융 시스템은 우리에게 익숙할 따름이지 문제점이 많다. 첫째, 신뢰를 보장하는 책임과 권한이 특정 금융기관에 집중되어 있다. 이로 인해 특정 기관의 향방에 따라 시장이 휘둘린다. 둘째, 기관들의 신뢰 확보에 많은 사회적 비용이 소요된다. 감독, 감시, 규제 등을 위해 IT 인프라에 투자가 필요하며 이를 유지 관리하기 위해 에너지가 사용된다. 셋째, 사회적 비용을 마련하기 위해 고객이 비용을 부담해야 한다. 우리가 신용카드를 사용할 때 내는 수수료, 연회비가 그 예이다. 넷째, 각종 규제가 혁신을 저해한다. 규제 때문에 기관과 정부가 서로 눈치를 볼 수밖에 없는 처지라 혁신을 기대할 수 없다. 다섯째, 원장 입력의 오류로 이중지불(double spending) 문제가 발생할 수 있다. 시스템의 오류 또는 해킹으로 두 곳 이상에 지불하는 문제점이 생기기도 한다.

국가 간 자금이체 과정과 발생 수수료

블록체인을 활용한 자금이체 과정

　　암호화폐는 이러한 문제를 원천적으로 차단하거나 개선할 수 있다. 첫째, 블록체인을 통해 데이터가 분산원장에 기록되니 권력이 분산된다. 별도의 중앙집권 시스템이 없으므로 시장 참여자들의 원리에 따라 움직이게 된다. 둘째, 네트워크 참여자 모두를 통해 신뢰가 확보되므로 별도로 소모되는 비용이 거의 없다. 셋째, 구조적으로 필요한 비용이 적기 때문에 고객의 부담도 줄어든다. 넷째, 규제가 적어 혁신과 발전이 이루어질 가능성이 크다. 다섯째, 모든 참가자가 원장 갱신

에 대한 합의 절차가 필요하므로 이중 지불에 대한 문제를 해결할 수 있다.

암호화폐도 블록체인 기술을 통해 만들어지므로 국가 또는 정부, 민간기업, 개인 등 누구나 발행 주체가 될 수 있다. 그렇지만 CBDC는 국가 또는 정부만 발행할 수 있다. 이것이 암호화폐와 큰 차이점이다.

중국과 세계 여러 나라의 CBDC 추진 현황

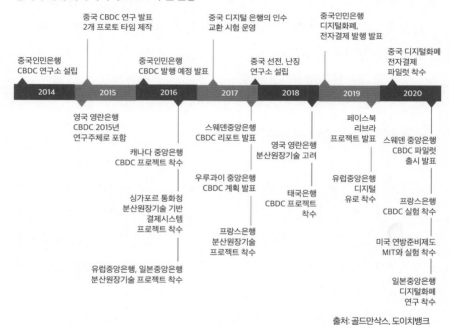

출처: 골드만삭스, 도이치뱅크

CBDC(central bank digital currency)는 중앙은행이 발행하는 디지털 법정화폐이다. 암호화폐에 대한 규제와 관리를 위해 국가기관이 발행하는 것으로 탈중앙화 목적을 둔 블록체인과는 거리가 있다. 중앙집권화된 시스템을 활용한 화폐이다.

각국 중앙은행은 CBDC를 도입하려고 시도하고 있다. 중국이 2014년 중국인민은행(PBOC)을 통해 CBDC 연구소를 설립했고, 2019년에는 디지털화폐 발행과 전자결제 시스템 구축을 발표했다. 중국은 그 이전에도 CBDC와 관련된 다양한 시도를 했으나 2019년 민간 CBDC 프로젝트인 페이스북의 '리브라'가 발표되자 CBDC 개발 가속도를 높였다. 중국뿐만 아니라 영국, 캐나다, 싱가포르, 프랑스, 미국, 일본 등에서 CBDC 도입을 검토하고 있다. 2020년 4월 한국은행도 2021년 12월까지 중앙은행 CBDC 파일럿 테스트를 추진하기로 발표했다. 미래의 지급 결제 환경 변화에 대응하기 위해 기술적, 법률적 사안을 검토하면서 파일럿 시스템 구축 및 테스트를 준비하고 있다.

중국, 탈중앙화인가 중앙집권화인가

중국은 한때 세계에서 가장 많은 비트코인을 구매하던 국가였다. 2019년 돈세탁을 방지하기 위해 비트코인을 포함한 모든 암호화폐 거래를 금지했지만, 채굴은 허용하고 있었다. 그렇지만 2021년 중국 당국은 환경을 이유로 비트코인 채굴을 강력하게 단속하고 있다. 속내는 중국이 발행하는 CBDC의 지위를 높이는 데 있었다.

암호화폐 채굴 금지 발표와는 별개로 중국인민은행은 비트코인을 대체 투자자산이라고 밝혔다. 중국의 암호화폐에 대한 인식이 바뀌었다는 견해가 있으나 내면은 그렇지 않은 것으로 보인다. 중국은 국가가 발행하는 디지털화폐(CBDC)에 관심이 높고 2019년 CBDC 발행을 공식 발표한 후 선전, 쑤저우 등의 도시에서 시범 운영하고 있다. 실제 중국은 2021년 설 연휴 일부 시민들에게 '디지털 세뱃돈'을 나눠주기도 했다.

　　중국은 CBDC 연구를 2014년부터 시작하여 다른 나라보다 이른 편이었으나 CBDC 발행에 대해서는 소극적인 입장이었다. 그러다 2019년 페이스북이 암호화폐인 '리브라' 프로젝트를 발표하자 입장을 바꾸었다.

　　민간기업이 CBDC를 발행하면 중앙은행의 고유권한인 화폐 발행 독점 권한이 위협받고 국민을 완벽하게 통제할 수 있는 전체주의 시스템에 심각한 방해를 받기 때문이었다. 실제 각국 중앙은행은 '리브라' 프로젝트에 강하게 반발하였고 페이스북은 한발 물러났다.

　　CBDC는 거래가 성립될 때마다 사용자 ID, 거래 금액 등의 각종 정보가 흔적을 남기고, 그 정보는 모두 중앙은행 컴퓨터에 기록된다. 덕분에 국가는 국민을 완벽하게 통제할 수 있다. 이러한 점에서 중국은 사회주의 국가로 다른 나라보다 디지털화폐를 도입하기에 유리한 환경이다. 중국 시장은 이미 모바일 결제가 일상화되었다. 중국 국민은 개인정보 노출에 대한 사회적 거부감과 반발 심리가 낮아 정부 또한 적극적인 추진이 가능하다. 중국은 2022년 2월 베이징 동계올림픽을 전후로 디지털 위안화 결제를 공식 수단으로 활용할 것으로 보인다.

다른 한편으로 중국의 CBDC 발행은 미국 달러의 기축통화 체제에 대한 도전이며, 중국의 야심이 내포되어 있다. 미국은 이를 이미 인지하고 있으며, 다양한 수단과 방법으로 견제하고 있는 것으로 보인다.

중국의 CBDC 발행은 암호화폐의 본질인 탈중앙화와는 거리가 있지만, 블록체인의 기술을 인정하고 활용도를 높게 판단한 것이다.

화폐냐 아니냐는 중요하지 않다

비트코인, 이더리움 등 디지털 자산을 암호화폐로 부르면서 화폐냐 아니냐 논쟁을 하는 이들이 많다. 암호화폐가 화폐로 쓰일 가능성도 있지만, 자산으로서 역할이 더 클 것으로 생각한다. 왜 그런지 화폐와 암호화폐를 비교하여 보자.

화폐는 생산활동이 분업화하면서 상품을 교환하던 것에서 시작되었다. 사람은 자신의 노동 생산물 중 잉여생산물을 타인의 노동 생산물 중 자신이 필요한 부분과 교환한다. 하지만 자신이 가진 잉여생산물을 아무도 원하지 않거나 다른 사람이 내가 필요한 충분한 상품을 가지고 있지 않다면 교환이 이루어지지 않는다. 이런 불편을 해결하기 위해 사람들은 자신의 노동으로 얻은 특정한 생산물 외에 타인이 교환을 원하는 어떤 상품의 일정량을 항상 소유하는 방법을 생각해냈다. 그것이 교환의 매개 수단, 바로 화폐였다. 화폐는 물물교환되는 물건들보다 휴대성이 좋았고 교환의 범위도 넓었다. 이로 인해 시장이 확장되었다. 화폐가 등장하면서 분업화와 전문화가 촉진되었고 생산성 또한 향상되었다. 그 결과 경제 발전은 속도를 더했다.

화폐의 진화

물물교환　　　금　　　동전　　　지폐

암호화폐　　　전자화폐　　　카드

　화폐는 크게 3가지의 기능을 한다.

　첫째, 가치 저장의 수단이다. 화폐는 높은 유동성과 가치의 안정성을 가져야 한다. 유동성은 특정 자산이 낮은 거래 비용으로 교환의 매개수단으로 전환될 수 있는 정도를 의미한다. 화폐는 그 자체가 교환의 매개수단이므로 유동성이 가장 큰 자산 중 하나라고 볼 수 있다.

　둘째, 지급 수단 기능이다. 화폐가 지급 수단이 될 수 있는 이유는 휴대 편의성과 광범위한 수용성을 갖추었기 때문이며, 이는 국가가 보증하는 사회적 약속과 신용을 근거로 한다.

셋째, 회계 단위 기능이다. 화폐는 경제적 가치를 측정하고 모든 재화 및 서비스의 가격을 표시하는 계산 단위의 기능을 수행하며, 이 또한 사회적 약속을 기반한다.

문명 및 경제의 발전에 따라 화폐의 형태는 ①물물교환 ②금속화폐(금, 은) ③종이화폐(달러, 원화) ④신용화폐(신용카드)의 순으로 발전했으며, 앞으로는 디지털화폐(암호화폐, CBDC)가 일상 속으로 다가올 것으로 예상한다.

현재 사물과 인터넷이 연결되는 초연결경제 사회의 과도기에 있고 IT 기술이 기존 산업과 융합하는 속도가 점점 빨라지고 있다. 블록체인이 그 중심에 있다. 블록체인 기반의 분산형 경제 시스템은 현존하는 중앙집권 경제 시스템과 치열하게 경쟁할 것이며, 시스템의 효율성과 구성원의 참여 보상에도 대립이 클 것으로 보인다. 그뿐만 아니라 같은 블록체인 기반이지만 암호화폐와 CBDC 간의 다툼도 매우 클 것이다. 이는 중앙정부가 권력을 지금과 같이 효율적으로 유지할 수 있느냐 없느냐의 문제이기 때문이다.

블록체인 기반의 암호화폐는 앞서 이야기한 화폐의 3가지 기능인 가치 저장, 지급 수단, 회계 단위 기능을 모두 충족하기에는 무리가 있다. 가치 저장으로 좋은 수단이지만 참여자가 제한적일 수 있으므로 광범위한 수용성을 충족하기 어려우며, 교환가격이 수요 공급에 따라 달라지므로 회계 단위로 안정성을 충족하기 어렵다고 보기 때문이다(물론 스테이블코인이 있기는 하지만 대부분의 암호화폐는 그렇지 않다). 그렇지만, CBDC는 중앙은행에서 화폐로 사용하려고 만들었기 때문에 화폐의 3가지 기능을 충족한다.

블록체인을 기반으로 한 CBDC와 암호화폐는 같은 길 위에서 다른 성격을 가지게 될 것이다. CBDC는 '화폐'로, 암호화폐는 디지털 '자산'으로 자리 잡을 것으로 보인다. 중장기적으로 CBDC가 디지털 세계에서 화폐로 자리를 잡는다면, 디지털 시장에서 암호화폐를 자산으로 소유하고자 하는 수요는 점차 늘어날 것이다.

그렇다면, 국가의 비대한 권력으로 인해 CBDC만 확장될 것인가? 아니다. 각국의 CBDC가 보편화할수록 암호화폐의 존재 가치 또한 커질 것이다. 암호화폐는 익명성이 보장되고 CBDC는 그렇지 않기 때문이다.

알고 보자

디지털화폐

문명과 경제의 발전에 따라 화폐의 형태는 다양하게 변해왔다. 물물교환에서 금속화폐, 종이화폐, 신용화폐 순으로 발전했다. 이제 전자화폐를 비롯하여 암호화폐, CBDC 등 디지털화폐가 일상 속으로 다가오고 있다. 앞으로 사용할 화폐를 비교해보자.

	CBDC	전자화폐(간편결제)	암호화폐
1. 발행하는 곳은?	중앙은행 발행	비금융기관 (핀테크 기업)	비금융기관 (블록체인 네트워크)
2. 어떤 종류가 있나?	디지털화폐, 중국 디지털위안화 등	E-money, SSG money, T-money 등	비트코인, 이더리움, 리플 등
3. 교환 기준은?	액면가 고정 (법정통화와 1대1 교환)	액면가 고정 (법정통화와 1대1 교환)	변동 (수요와 공급에 영향을 받음)
4. 환불은 보장되나?	보장됨	보장됨	보장 안 됨
5. 어디에 사용할 수 있나?	국가 내 전체	등록 가맹점	제약 없음 (참가자 전체)
6. 거래 익명성을 보장하나?	보장 불가	보장 불가	보장 가능
7. 거래 승인을 받아야 하나?	불필요	발행기관 승인 필요	블록체인 네트워크 승인 필요

농업경제에서 초연결경제까지

우리가 지금 서 있는 사회는 어떤 모습일까? 무엇이 다를까? 기원전 1만 년 신석기시대부터 18세기까지의 농업사회 다시 산업혁명, 디지털 시대를 거쳐 초연결사회로 진입하고 있다. 지금우리가 서 있는 사회는 어떤 모습인지, 지나온 세대와 무엇이 다른지 비교해보자.

	농업경제	산업경제	디지털경제	초연결경제
1. 어떻게 나타나나?	농업혁명 (제1의 물결)	산업혁명 (제2의 물결)	정보혁명 (제3의 물결)	초연결혁명 (제4의 물결)
2. 언제부터?	기원전 1만 년 ~18세기	18세기	20세기 후반	21세기 이후
3. 가장 중요한 것은?	공동화	표준화	시스템화	신뢰화
4. 필요한 도구는?	철, 연장	기계	컴퓨터, 통신	커넥터, IOT, 블록체인
5. 어떻게 교환하는가?	물물교환 금속화폐	종이화폐	신용화폐, 신용카드	디지털화폐, 암호화폐, CBDC
6. 사회 격차의 원인은?	물질	물질	디지털	연결

66

제페토는 얼굴 인식과 증강현실을 이용해
아바타와 가상 세계를 만드는 플랫폼으로 출시된 지
3년도 되지 않아 글로벌 누적 이용수가 2억 명에 달했다.
특히 제페토는 전체 이용자의 80%가 10대이고,
90%가 글로벌 이용자이다.
미래 핵심 콘텐츠 소비층인 10대(Z세대)를 중심으로
글로벌 SNS의 한 장르로 자리매김하고 있다.

99

Z세대

그들은 이미
메타버스에서 즐기고 있다

암호화폐 시장에는 메타가 있다

주식시장에는 '섹터'가 있다. 산업 분야가 넓다 보니 이를 다시 섹터로 나누어 본다. 반도체, IT, 철강, 항공 등의 섹터를 들 수 있다. 그렇다면 암호화폐 시장은 어떤가? 암호화폐에는 주식시장의 섹터처럼 '메타'가 있다. 'NFT 메타', 'DID 메타', '저장소 메타' 등 테마 바람이 불고 있다. 그중에서 디파이, DID, NFT, 메타버스에 세간의 이목이 쏠리고 있으며 Z세대는 이미 그 중심에 서 있다.

가치를 산정할 수 없는 블록체인 예술작품, NFT

NFT(non-fungible token)는 대체 불가능한 토큰이라는 뜻이다. 블록체인 암호화 기술을 활용해 사진, 동영상, 오디오 등 콘텐츠에 고유의 표식을 부여하는 암호화폐이자 디지털 자산이다. 디지털 작품의 저작권과 소유권을 인증하여 그 희소가치를 높였다. 최근 디지털 예술품, 게임 아이템 거래 분야에서 활용도가 높아졌다.

20세기 미국의 현대미술에서 대량생산을 주제로 한 앤디 워홀의 작품이 팝아트의 역사적 사조가 되었듯이 NFT는 소유의 의미가 사라지고 있는 공유의 시대이자 복제로 '무한생산'이 가능한 디지털 세상에서 원본을 '소유'한다는 개념이 아닐까.

일반적으로 암호화폐의 모든 토큰은 가격이 변동하지만, 기본적으로 코인 1개의 금액은 동일하다. 그러나 NFT는 토큰마다 가격이 다르게 설정되어 있어 대체할 수 없다. 희소성 있는 아이템을 토큰화할 때 많이 사용된다. 주로 럭셔리 소비재, 예술품, 게임 아이템에 적용되고 있다.

대부분 이더리움 네트워크를 기반으로 고유성과 소유를 증명할 수 있는 기술이 사용된다. 일반 디지털 자산은 복제할 수 있지만 NFT 토큰은 복제할 수 없다는 점을 활용한 것이다. NFT 블록체인 네트워크가 확장될수록 이더리움이 부각될 것이라는 견해가 많다. 화폐 기능에 국한된 비트코인과 다르게 이더리움은 분산 애플리케이션을 구현할 수 있기 때문이다. 비트코인이 디지털 금 또는 전자계산기라면, 이더리움은 원유 또는 최신 스마트폰에 비유될 수 있다.

NFT 코인 중 대표되는 것은 디센트럴랜드(Decentraland), 칠리즈(Chiliz), 샌드박스(Sandbox), 액시인피니티(Axie Infinity) 등이 있다. 그중 가상 부동산과 관련된 디센트럴랜드를 알아보자.

디센트럴랜드

출처: https://decentraland.org/blog/announcements/cyberpunk-2021-meet-the-winners/

디센트럴랜드는 2015년 설립되어 2020년 2월 정식 오픈한 탈중앙화 블록체인 기반 가상현실(VR) 플랫폼이다. 이더리움 블록체인 기술을 활용해 토큰 '마나(MANA)'를 생성했고, 플랫폼에서 가상의 부동산을 매매하고 개발하는 데 사용할 수 있다. 사용자가 탐색, 생성, 웨어러블 수집, 3D 건축기술 등을 활용해 게임을 할 수 있으며 이용자가 직접 가상의 땅을 소유 및 관리하며 생태계를 형성해 나간다.

탈중앙화 플랫폼으로 이 플레이를 통해 발생하는 수익은 수수료 없이 콘텐츠 제작자가 모두 가져간다는 장점이 있다. 이 메타버스가 운영, 확장되려면 이용자들이 참여해야 하고 이들의 상호 작용을 통해 신뢰를 쌓고 경제 시스템을 만들어 간다. 이 과정에서 희소성에 따라 수요가 창출되고 가치가 부여된다는 점을 구현하기 위해 NFT 기술을 활용하고 있다.

트위터 최고경영자 잭 도시가 처음 작성한 트윗과 이세돌 기사가 구글 알파고를 이긴 대국의 디지털 파일 '원조'가 NFT로 변환되기도 했다. 테슬라 최고경영자 일론 머스크의 아내이자 가수인 그라임스가 NFT 기술이 적용된 디지털 그림 10점을 온라인 경매에 부쳐 20분 만에 65억 원을 벌어들인 사건도 있다.

NFT는 메타버스 경제활동을 뒷받침하는 핵심이다. 데이터의 위·변조가 불가능한 블록체인 기술은 메타버스라는 가상공간에 대한 신뢰를 높였고 NFT는 가상공간의 아이템을 토큰화한 뒤 그 가치를 매길 수 있기 때문이다. NFT는 메타버스와 결합해 주로 게임 산업에서 활용되고 있으며 그 확장성은 더욱 커질 것으로 예상한다.

실체는 없지만 가치는 무한대인 메타버스(metaverse)

어떤 것이든 실체가 있으면 그 가치는 실체에 맞거나 유사한 사례를 통해 적정한 수준을 찾게 된다. 하지만 가상 세계는 실체가 없고 유사 사례 또한 없다. 한계가 없는 만큼 물리법칙에 구애받지 않고 무한 확장할 수 있으며 그 가치도 무한히 증식될 수 있다.

현실과 가상의 경계를 지운 세상이 출현하고 있다. 메타버스는 가공, 추상을 의미하는 메타(meta)와 현실 세계를 의미하는 유니버스(universe)의 합성어로 웹과 인터넷 등의 가상 세계가 현실 세계에 흡수된 형태로 볼 수 있다. 가상현실 (VR)보다 진보된 개념이다. 몇 년 전 유행했던 포켓몬GO, 지도를 검색할 때 사용하는 구글어스 등이 가까운 예이다.

메타버스의 개념은 1992년 소설 『스노 크래시』에서 처음 언급되었다. 작품에서 메타버스의 기술적 근간에 대해서도 상세히 설명한다. 메타버스는 고글과 이어폰이라는 시청각 출력장치를 이용해 접근할 수 있는 가상 세계이다. 메타버스

영화 <레디 플레이 원>, 가상현실(VR) 게임인 '오아시스'에 접속해 살아가는 모습

출처: http://movie-screens.com

는 소프트웨어 조각들을 통해 표현되는 그래픽일 뿐이고 실존하지 않으므로 현실 세계와는 달리 물리법칙의 제약을 받지 않는다는 것이 핵심이다. 대표 사례로 로블록스와 제페토가 있다.

로블록스(ROBLOX)

사용자가 직접 게임을 프로그래밍하고, 공유하고, 즐길 수 있는 플랫폼이다. 미국 청소년들의 대표 플랫폼으로 자리매김했다. 미국 Z세대의 55%가 로블록스에 가입했고, 누적 플레이 타이밍이 306억 시간, 월간 활성 이용자는 1억 5,000만 명에 달한다.

로블록스, Z세대의 대표적인 가상 놀이터

출처: https://game.naver.com/lounge/Roblox/community/267582

로블록스는 '로벅스(robux)'라는 암호화폐를 통해 경제활동이 가능하다. 다른 플랫폼은 광고가 주요 수입원인 반면 로블록스는 암호화폐를 통해 비즈니스 모델을 확실하게 구축한 점이 뛰어나다. 로벅스로 여러 아이템을 구매할 수 있는데, 반대로 자신이 만든 게임 아이템이 판매되면 로벅스를 벌 수 있다. 이는 비트코인의 채굴과 비슷한 점이다.

제페토(ZEPETO)

제페토는 얼굴 인식과 증강현실(AR)을 이용해 아바타와 가상 세계를 만드는 플랫폼으로 출시된 지 3년도 되지 않아 글로벌 누적 이용수가 2억 명에 달했다. 특히 제페토는 전체 이용자의 80%가 10대이고, 90%가 글로벌 이용자이다. 미래 핵심 콘텐츠 소비층인 10대(Z세대)를 중심으로 글로벌 SNS의 한 장르로 자리매김하고 있다.

제페토

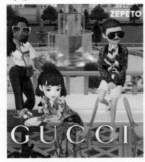

출처: 네이브제트

브랜드 광고주들은 제페토를 브랜드 홍보 창구로 활용하고 있다.

2021년 2월, 럭셔리 패션 브랜드 구찌가 제페토에 론칭했다. 현실에서 수백만 원대의 아이템을 제페토 내 유료 화폐 '잼'으로 살 수 있다. 현실 화폐의 1,000분의 1 수준으로 다양한 구찌를 경험해볼 수 있다. 나이키, 컨버스 등 여러 브랜드도 이미 입점했다.

BGF리테일이 운영하는 편의점 CU는 유통업계 최초로 제페토에 매장을 냈다. BGF리테일과 네이버는 온오프라인 플랫폼 및 콘텐츠 결합 업무협약을 체결하기 위해 제페토에 각사 대표의 아바타가 등장해 협약식을 진행해 화제가 되었다.

엔터테인먼트 산업에서도 메타버스가 많이 활용되고 있다. 코로나19 팬데믹으로 공연 대부분이 취소되었다. 그들은 이 위기를 오히려 기회로 활용해 예상보다 뛰어난 실적을 거두었다.

어떻게? 메타버스를 활용한 것이다. 기존 아티스트의 공연과 광고 수입에만 의존했던 수익 구조를 메타버스를 활용해 콘텐츠 유통의 변화를 시도했다. 글로벌 팬들의 소비 패턴도 함께 변화했다.

빅히트 엔터테인먼트의 방탄소년단(BTS), YG엔터테인먼트의 블랙핑크가 대표적인 예이다. 빅히트는 3차원 가상 세계 메타버스 플랫폼인 위버스를 통해 팬덤을 구축했다. 팬들은 위버스 플랫폼을 통해 아티스트와 소통하고 콘텐츠를 소비한다. 빅히트의 위버스 누적 앱 다운로드는 2,500만 건을 넘어섰고, 2020년 빅히트 매출의 40% 이상이 위버스를 통해 결제된 상품, 콘텐츠에서 나왔다. 가히 놀라운 일이다.

그뿐만 아니라 2020년 9월 빌보드 싱글 1위를 차지한 '다이너마이트'의 안무 버전 뮤직비디오를 온라인 게임 포트나이트에 공개했다. 게임 속 가상공간 콘서트에 아바타로 모여든 세계 각지 팬은 BTS 춤을 따라 추기도 했다. 포트나이트는

포트나이트 내 BTS 다이너마이트 공연

출처: http://www.m-i.kr/news/articleView.html?idxno=832519

전 세계 3억 5,000만 명의 이용자가 가입한 게임으로, 현실 세계보다 많은 팬이 한데 모일 수 있는 곳이다.

엔터테인먼트 산업에서 메타버스는 플랫폼과 사용자 간 실시간 쌍방향 활동이 필요하며 이를 위해 증강현실, 거울 세계, 가상 세계의 기술이 어우러져 콘텐츠를 구현한다.

특히 메타버스 선구 기업인 페이스북은 2020년 10월 가상현실(VR) 기기 '오큘러스 퀘스트2'를 출시하면서 VR시장 판도를 바꿨다. 2020년 판매량이 100만 대를 넘었고, 2021년 1,000만 대 이상 팔릴 것으로 예상한다. 페이스북 최고경영자 마크 저커버그는 2021년 3월 "오큘러스는 이미 퀘스트3과 4를 구상하고 있으며 2021년 말 스마트 글라스를 출시할" 계획임을 밝혔다.

대용량 데이터를 실시간으로 전송할 수 있는 초고속 · 초연결 · 초저지연의 5G

통신망이 상용화되면서 메타버스 시대를 앞당기고 있다. 시장조사기관 스태티스타(STATISTA)는 2021년 증강현실(AR), 가상현실(VR), 혼합현실(MR) 등의 시장 규모가 307억 달러(약 35조 원)에 달하고 2024년 전체 시장 규모는 3,000억 달러(약 341조 5,000억 원)로 예측했다.

2021년 6월 프랑스 파리에서 열린 유럽 최대 스타트업 축제인 <비바테크 2021>에 참석한 마크 저커버그는 가상현실(VR)과 증강현실(AR) 기술이 가져올 변화와 잠재력을 강조했다. "얼마나 많은 것들이 실제로 물리적인 것이 아니어도 되고 (디지털) 안경을 쓴 세상에서 디지털 홀로그램으로 쉽게 대체될 수 있는지 생각해보라. VR·AR는 게임을 넘어 적용 분야가 빠르게 확장되고 있으며, 결국에는 스마트폰과 PC 이후의 주요 컴퓨팅 플랫폼으로 자리 잡을 것"이라고 내다봤다.

우리나라와 미국뿐만 아니라 전 세계의 10대들(Z세대)은 유튜브보다 로블록스, 포트나이트, 위버스 등 메타버스에서 많은 시간을 보내고 있다. Z세대는 이미 온라인 세계에 대한 이해가 높다. 시간이 흘러 그들이 20~30대로 성장해 사회의 역동적인 경제 구성원이 될 때, 메타버스 시장은 더욱 확장될 것이며, 시장 규모는 상상을 초월할 것이다.

메타버스는 현재 게임을 위주로 시장을 형성하고 있다. 게임 분야에서 자리를 잡은 이후에는 소셜커머스(social commerce), 헬스케어, 피트니스, 온라인 회의, 교육 등으로 확장될 것이며 메타버스와 결합한 암호화폐 시장 또한 더욱 확대될 것이다. 닷컴버블과는 다르게 5G 통신망이 상용화되면서 가상공간은 실생활에 성큼 다가왔다.

인터넷이나 스마트폰이 가져온 변화보다 메타버스와 블록체인 기술을 더 혁신이라고 보는 이유이다.

탈중앙화 신원인증 DID

　2003년 개봉한 스티븐 스필버그의 <캐치 미 이프 유 캔> 주인공인 10대 소년 프랭크(레오나르도 디카프리오)는 신분증(ID)을 조작해 선생님, 기자, 파일럿, 의사, 변호사 등 다양한 직업으로 세상을 살아간다. 실화를 바탕으로 한 영화로, 사회 제도의 약점을 활용해 그는 원하는 무엇이든 될 수 있었다.

　2021년 현재 우리는 블록체인이라는 기술을 통해 신원을 증명할 수 있으며, DID 기술을 통해 영화에서 프랭크가 했던 ID 조작은 실현하기 어려운 일이 되었다.

영화 <캐치 미 이프 유 캔>, 주인공의 변신

출처: film-grab.com

　DID(decentralized identity)는 탈중앙화 신원인증을 뜻한다. DID는 기존의 신원 확인 방식과 달리 중앙시스템에 의해 통제되지 않고 개인이 자신의 정보 통제권을 갖는 블록체인 기술이다. 우리가 지갑에 주민등록증을 넣고 다니면서 필요할 때 나를 증명하는 것처럼 퍼블릭 블록체인에 연동된 디지털 지갑에 개인정보를 담아 필요할 때마다 개인 키 입력을 통해 본인을 증명하는 것이다. 블록체인을 활용하면 데이터의 팩트 체크 및 입력, 수정 등의 모든 절차가 네트워크에 참여한 컴퓨터의 합의로 이뤄져 데이터 조작도 어렵다. 중앙 서버에 데이터가 저장되는 구조가 아니어서 해킹의 위험도 없다. 신뢰도와 투명성이 필요한 신원인증에 이 기술이 활용된다.

이 기술을 활용해 신분증, 운전면허증, 여권, 공인인증서 등 신원 증명서를 대체할 수 있다. 국내에서는 네이버의 네이버 인증과 카카오의 카카오톡 지갑이 DID 기술을 활용한 대표적 사례이다. 두 회사는 데이터 분산 저장 및 개인정보 위·변

분산 ID 기술 프로세스

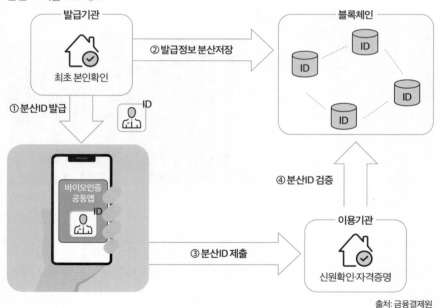

출처: 금융결제원

조 방지를 위해 각각의 인증 모델에 블록체인 기술을 접목했다.

네이버 인증서는 국민연금공단, 청약홈 등 공공 분야와 교보 라이프 플래닛, 메리츠 화재 등 금융 분야에 실제 이용된다. 대한상공회의소, 한국산업인력공단과 협업을 통해 사용자가 취득한 자격증을 발급할 수 있는 서비스도 제공한다.

카카오도 카카오톡 지갑을 통해 사용자의 인증서와 신분증, 자격증을 보관하고 사용할 수 있도록 지원한다. 카카오톡 지갑을 통해 정부24, 국민신문고, 홈택스 등 정부 웹사이트 로그인이 가능하며, 한국산업인력공단의 국가기술자격증도 다운받아 사용자가 직접 관리할 수 있다.

DID 기술은 코로나19 백신 접종 증명서에도 활용된다. 질병관리청에서 발급

출처: https://www.coov.kr/

받은 백신 접종 인증서를 DID 앱을 통해 사용자가 직접 관리하고 제출할 수 있다. 블록체인 개발회사인 블록체인랩스가 질병관리청과 함께 백신 접종 인증 앱

인 쿠브(COOV)를 상용화하여 사용자가 해외 입·출국 시 COOV 앱을 통해 자신의 백신 접종 여부를 알릴 수 있다.

행정안전부와 경찰청은 DID 기술을 활용해 모바일 운전면허증을 발급하려고 한다. 모바일 공무원증에 DID 기술을 적용해 이미 20만 공무원들의 신분을 인증하고 있다. 모바일 운전면허증과 공무원증은 사용 이력은 본인만 확인할 수 있도록 개인 스마트폰에 저장하고 중앙 서버에는 저장되지 않도록 하여, 개인정보 유출의 위험을 줄였다.

DID는 데이터 위·변조 위험이 적어 글로벌 인증에도 사용할 수 있다. 특히 DID 분야는 국내 기업들이 기술과 표준화 면에서 세계적으로 앞서가고 있고 활용 사례도 다양해 글로벌 시장 선점을 노릴 수 있는 신사업으로 주목받고 있다. 신원인증과 관련된 블록체인은 주로 건강, 헬스케어 분야에 많이 적용되며, 메디블록, 휴먼스케이프 등이 그 사례다.

메디블록

여러 기관에 흩어져 있는 의료데이터뿐만 아니라 각종 기기에서 생산되는 모든 의료데이터를 블록체인을 통해 안전하게 통합 관리할 수 있는 탈중앙화 시스템을 구축하는 프로젝트이다. 현재 의료정보 시스템의 문제 즉 개인 의료정보, 의료공급자 정보, 의료연구원 정보의 운용, 관리의 문제를 극복하는 것이 그 목표다.

웨어러블 장비
시계, 안경, 의복 등과 같은 형태로 사용자가 거부감 없이 신체의 일부처럼 사용할 수 있도록 제작된 장비이다.

개인 건강기록이 블록체인을 통해 관리될 경우 위·변조 방지, 기록의 안정성, 신뢰성 확보를 기대할 수 있다. 현재 의료기관 중심의 의료정보 관리 시스템은 신뢰성이 담보되지 않고, 데이터 사용에 대한 투명성이 떨어지며, 데이터 해킹 문제가 있다. 실제 의료데이터 해킹 사례는 매년 급증한다.

메디블록 서비스

메디블록은 환자 중심의 의료정보 솔루션 개발을 통해 의료계에 혁신적인 패러다임을 제시하고 모든 사람이 건강한 삶을 살 수 있는 세상을 만들어갑니다.

Medipass
병원 및 기관이 저장하던 환자의 의료정보를, 개인이 메디패스 앱에 저장하여 자신의 진료이력관리 및 보험청구를 할 수 있습니다.

Dr.palette
의료인의 피드백을 통해 업무효율을 극대화할 수 있도록 만들어진 가장 간결하고 빠른 병·의원 전자차트 프로그램입니다.

Panacea
의료정보에 최적화된 고성능 블록체인 기술로, 프라이버시는 보호하고 의료정보의 신뢰성을 극대화한 블록체인 플랫폼입니다.

출처:https://medibloc.org/ko

메디블록의 블록체인 기술이 상용화되면 다수의 병원에 흩어져 있는 개인 의료 기록뿐 아니라 **웨어러블 장비** 등을 통해 수집되는 정보를 통합할 수 있게 된다. 이 정보들은 진료를 받을 때 활용할 수 있고 헬스케어 서비스에도 활용할 수 있다. 환자들은 본인이 동의하면 임상 데이터를 필요로 하는 연구기관, 제약회사에 개인 건강기록을 팔 수 있다. 환자들은 금전적 혜택을 누리고, 기관이나 회사는 편리하게 데이터를 얻을 수 있는 장점이 있다.

메디블록 플랫폼에는 메디포인트(MP)와 메디토큰(MED)이 있다. 메디포인트(MP)는 플랫폼 내부에서만 쓸 수 있는 포인트로, 평판 포인트임과 동시에 경제적 인센티브이다. 다른 사용자에게 전달하거나 거래할 수 없다. 개인의 의료정보를 의료기관이나 제약회사 등과 거래할 때 신뢰도를 판단하기 위한 객관적 지표로 활용된다. 메디토큰(MED)은 암호화폐의 일종으로 의료정보와 데이터를 교환하거나 플랫폼 서비스를 이용할 때 사용한다. 메디포인트(MP)와 달리 사용자 간 거래가 가능해 플랫폼 외부에서도 거래될 수 있다.

최근 DID 기술에 대한 관심도가 높은 이유는 첫째, 사용자가 이용하는 서비스는 증가하고, 둘째, 사이트마다 필요로 하는 개인정보 정책이 다르고, 셋째, 개인이 개인정보를 보관하는 데 한계가 있기 때문이다. 네이버, 야후, 구글에 접속할 때마다 각각 로그인하고 사이트마다 정책이 달라 대문자, 소문자, 숫자, 특수문자를 결합한 다른 아이디와 비밀번호를 사용해야 한다. 참으로 불편한 일이다. 코로나로 비대면 서비스가 증가하면서 물리적인 신분증을 대체할 디지털 신분증에 대한 필요성 또한 커졌다. 변화된 환경에 필요한 기술이 우리 실생활에 다가온 것이다.

탈중앙화 금융 서비스 디파이

디파이(DeFi, decentralized finance)란 탈중앙화 금융 서비스를 말한다. 정부나 기업 등 중앙기관의 통제 없이 블록체인 네트워크에서 스마트 계약을 기반으로 암호화폐를 이용해 작동하는 금융 서비스이다.

디파이 생태계의 중심에는 '스마트 계약'이 있다. 기존 금융 거래에서는 은행, 증권사, 카드사 등 각종 금융기관이 거래에 대한 신뢰를 보증하며 이행을 책임진다. 그렇지만 디파이 생태계에서는 기관 등의 주체가 따로 없다. 블록체인 기술 그 자체가 신뢰를 보증하는 주체이며 당사자 간 사전 합의된 내용을 전자 계약 형태로 체결하는 스마트 계약이 보증기관의 역할을 대신한다.

전통금융과 블록체인 기반 DeFi 금융의 차이

구분	전통금융	DeFi
허가	특정고객	네트워크상 존재하는 모든 고객
운영주체	중앙화	탈중앙화
중개인	신뢰 기관 필요	네트워크 참여자가 대체
투명성	특정 사용자만 접근 가능	모든 사용자가 거래 기록을 공유
검열 방지	검열 기관에 의해 특정 거래 삭제 가능	하나의 주체가 특정 거래 기록 무효화 불가능
프로그래밍	독점 소프트웨어로 한정된 프로그래밍	오픈 소스를 통한 자유 프로그래밍

출처: 한국인터넷진흥원

디파이는 주로 대출 분야에서 많이 활용되며 이자농사 및 보험 분야 프로젝트에서도 활용하려는 시도가 있다. 금융 분야(자산운용, 파생상품, 보험 등)로 확대될 것으로 보인다.

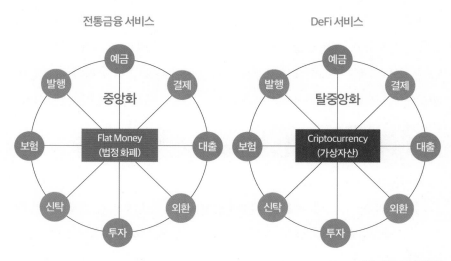

출처: 한국인터넷진흥원

대출 lending

기존 금융 시스템에서는 은행에 예금을 맡기면 이자를 받고, 대출받을 때는 담보를 제공하고 이자를 낸다. 이 과정을 디파이에서 구현했다고 이해하면 된다. 예를 들어, 비트코인을 담보로 맡기면 디파이 플랫폼의 자체 스테이블코인을 대출해준다. 비트코인 담보 대출이라고 이해할 수 있다. 일반 은행의 담보 대출은 은행이 주체가 되지만, 디파이의 대출 플랫폼은 누구나 주체가 될 수 있고, 대출이자는 스마트 계약 기반의 알고리즘에 의해 결정된다.

이자농사 yield farming

이자농사는 은행의 예적금과 비슷하다. 디파이 프로토콜에 유동성을 제공하고 그 대가로 이자를 받는 개념으로 유동성 채굴(liquidity mining)과 비슷하다. 이용자가 거래소에 참여하고, 프로젝트 활성화에 기여하여 보상을 받는 개념으로 이해하면 된다. 컴파운드(COMP)가 가장 대표적인 케이스로, 모든 이용자에게 이더리움 블록당 0.5개의 COMP토큰을 인센티브로 배분했다. 투자자들이 몰렸고 COMP의 가격도 급등했다. 은행과 같은 중개인이 필요 없어 사업비 등 비용이 거의 없다. 절감된 혜택이 소비자에게 돌아가 은행의 예적금보다 이자율이 높은 편이다.

스테이블코인 stable coin

디파이 금융 서비스를 제공하기 위해 변동성이 작은 암호화폐가 필요한데, 대부분의 암호화폐는 변동성이 크다. 가격 변동성을 최소화하기 위해 스테이블코인이 개발되었다. 크게 ① 법정화폐 담보 ② 암호화폐 담보 ③ 알고리즘 기반 스테이블코인으로 분류할 수 있다.

스테이블코인 분류

분류	스테이블코인 발행 방식
법정화폐 담보	법정화폐를 담보로 스테이블코인 발행 (법정화폐 담보 보유분을 투명하게 공개)
암호화폐 담보	암호화폐를 담보로 법정화폐 가치와 연동되는 스테이블코인 발행
알고리즘 기반	알고리즘 기반으로 스테이블코인을 발행 또는 회수 (암호화폐 공급량을 조절하여 코인 가격을 일정하게 유지)

출처: 블록체인 동향정보, 금융보안원

세계 최대 암호화폐 거래소인 바이낸스도 자사 플랫폼에서 유통되는 스테이블코인인 BUSD를 발행했으며, 미국 통화감독청(OCC)은 2021년 1월부터 미국 내 시중은행들이 스테이블코인을 결제 수단으로 사용하거나 직접 발행하기로 결정했다. 페이스북의 '디엠' 또한 스테이블코인의 일종이다. 세계적 기업의 프로젝트 추진과 미국 정부의 스테이블코인 허용을 통해 스테이블코인 시장은 계속 확장할 것으로 보인다.

디파이 유형별 구조

디파이 서비스는 비슷한 기능 및 서비스에 따라 유형별 그룹으로 나눌 수 있다. 리서치 기관인 '더블록'은 현재 운영 중인 이더리움 디파이 서비스를 데이터 분석, 자산 관리, 트레이딩, 대출(lending), 스테이블코인 등으로 분류하였다. 분류마다 암호화폐도 다양하다.

이더리움 디파이 생태계에서 가장 큰 점유율을 차지하고 있는 것은 대출(lending) 서비스이다. 메이커(MKR), 컴파운드(COMP), 에이브(AAVE) 등의 대출 서비스는 50억 달러 이상의 규모로 성장했고, 3개사가 대출 서비스 전체에서 40% 이상을 차지하고 있다.

이더리움 디파이 지도

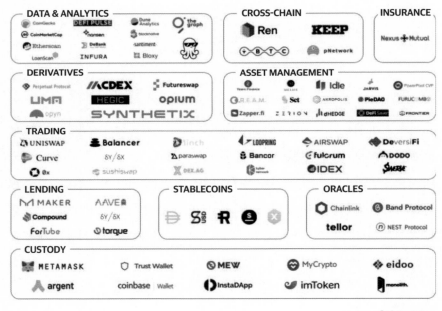

출처: The Difiant

이더리움 생태계를 구조적으로 분류해 보자. 레이어0부터 4까지 숫자가 커질수록 그 생태계가 확장된다고 이해하면 된다. 레이어0는 이더리움 네트워크로 환경을 제공하며 속도에 따라 보상 수치를 결정하는 역할을 한다. 레이어1은 이더리움 네트워크를 기반으로 스테이블코인을 발행하는 것으로 메이커(MKR) 프로토콜을 활용해 스테이블코인인 DAI를 발행하는 것이다. 레이어2는 스테이블코인인 DAI를 활용해 대출, 예치 시장을 만드는 것이며 여기서 레버리지가 쓰여 시장이 확장된다. 레이어3은 레이어2에서 예치된 이더리움을 기반으로 더욱 확장한 개념으로 파생상품, 탈중앙화 거래 등 더 복잡한 금융상품이 제공된다. 레이어4는 상위 레이어의 플랫폼을 토대로 유저가 원하는 서비스를 만들어 중개하는 것이며 공동의 이익을 창출할 수 있게 된다.

이더리움 디파이 구조

구분	내용	종류
레이어0 (네트워크)	네트워크 환경 제공, 스테이킹 보상 수치 결정 전체 디파이의 속도는 이더리움 네트워크의 속도 및 향후에 있을 이더리움 스테이킹 보상 등에 영향을 받는다.	이더리움 네트워크
레이어1 (스테이블코인발행)	안정화 수수료, 예치 보상(DSR) 수치 결정 MAKER 프로토콜을 통해 DAI토큰(스테이블코인)이 생성되고, 생성에 대한 수수료(Stablity fee), 예치 보상금(DSR) 비율을 결정한다.	메이커
레이어2 (자본 가용성 확장)	대출, 예치 관련 수치 결정 상위 레이어에서 결정된 값들을 기반으로 2차 대출, 예치 시장을 형성하며 이를 스마트 계약으로 관리한다. 레버리지 발생으로 시장이 확대된다.	컴파운드, 에이브
레이어3 (DApp)	디파이에 예치된 이더리움을 기반으로 서비스 구축 파생상품 및 탈중앙화 거래 등이 있으며, 디파이 시장의 유동성을 바탕으로 복잡하고 다양한 금융상품이 제공된다.	Uniswap UMA SYNTHETIX
레이어4 (중개 서비스)	유동성 기여 참여자(유저)가 직접 상위 레이어의 디파이 플랫폼을 토대로 원하는 서비스를 만들 수 있으며, 유저 공동의 이익을 창출할 수 있다.	InstaDApp argent pool

출처: 한국인터넷진흥원

디파이는 현재 대출, 이자농사 등의 분야에서 주로 활용되며, 앞으로는 실물자산인 부동산, 화물 송장 등으로도 성장할 것으로 예상한다. 단, 중개자가 없는 디파이 기술은 기존 법령 적용이 어려우므로 문제 발생 시 누가 문제를 해결하고 정상적인 운영을 복원할 것인지 그 책임 소재가 불분명하다. 오롯이 개인의 책임이 된다. 따라서 제도적 개선이 선행되어야 효율적이고 안정적인 시스템으로 자리 잡을 수 있다.

닷컴버블의 교훈을 잊지 말자

1995년부터 인터넷 관련 분야가 급속도로 성장하기 시작했다. 당시 닷컴이라 불리는 인터넷 관련 벤처기업이 많이 설립되었고, '닷컴' 글자만 붙어도 주가가 몇 배 오르곤 했다. 1995년부터 2000년에 걸친 이런 거품 경제 현상을 닷컴버블이라 한다. 결과적으로 인터넷 기반 기업 중 대부분은 파산했고 미국의 애플·구글·아마존, 한국의 네이버·카카오·넥슨 등 극소수 기업만 살아남았다.

닷컴버블의 가장 큰 함정은 실적이었다. 과도기적인 인터넷 기술을 융합하여 만든 인터넷 서비스는 시대를 앞서 나갔고 결과는 사용자의 기대에 미치지 못했다. 1990년대 후반의 인터넷 망은 모뎀이나 케이블 위주였다. 당연히 인터넷 속도는 느렸다. 웹 서비스라는 장밋빛 미래에 젖은 사람들은 '무언가 더 좋겠지'라는 기대에 부풀어 있었지만 실상은 그러지 못했다. 너무나 느린 서비스와 각종 문제는 웹 서비스에 대한 불신과 반감을 키웠다. 인터넷 산업의 발전이라는 기대감으로 오른 주가는 실적이 없자 폭락했다. 버블이 꺼진 것이다.

그중 살아남은 미국의 빅테크 기업 그리고 한국의 네이버, 카카오와 같은 기업은 지금 시장을 선도하고 있다. 현재 암호화폐의 시장 상황도 비슷하다. 2017년의 급등과 급락, 2019년의 급등과 급락. 암호화폐는 기대감과 실망감 속에서 등락을 반복하고 있다.

2021년 초에도 암호화폐는 유동성 증가와 다양한 기대를 안고 급등했지만, 2021년 8월 현재는 다양한 원인으로 조정되고 있다. 이 조정이 끝나면 암호화폐 간 차별화는 더욱 뚜렷하게 나타날 것이다.

일부 코인 재단과 결합한 작전팀, 마켓메이커와 같은 탐욕의 세력이 발행한 묻지마 ICO를 통한 암호화폐는 시장에서 도태될 것이고, 닷컴버블 이후 살아남은 빅테크 기업과 같이 믿을만하고 건실한 암호화폐는 더욱 크게 성장할 것이다. 옥석을 가릴 수 있는 혜안이 필요한 때다.

메타버스, 현실과 가상의 경계를 지워버린 세상

메타버스는 가공, 추상을 의미하는 메타(meta)와 현실 세계를 의미하는 유니버스(universe)의 합성어로 웹과 인터넷 등의 가상 세계가 현실 세계에 흡수된 형태라고 할 수 있다. 그러나 메타버스는 소프트웨어 조각을 통해 표현되는 그래픽일 뿐이고 실존하지 않으므로 현실세계와는 달리 물리법칙의 제약을 받지 않는다. 메타버스는 현재 4가지 형태에서 확인할 수 있다.

1. 증강현실(augmented reality)
현실 공간에서 2D 또는 3D로 표현된 가상의 물체를 겹쳐 보이게 하면서 상호 작용하는 환경

출처: https://pokemongolive.com/ko/

2. 라이프 로깅(life logging)
사물과 사람에 대한 일상적인 경험과 정보를 캡처하고 저장하고 묘사하는 기술

출처: https://www.samsung.com/sec/event/galaxy-watch4/

3. 거울 세계 (miror worlds)

실제 세계를 사실적으로 있는 그대로 반영하되 정보면에서 확장된 가상 세계로 표현하는 기술

출처: https://www.google.co.kr/intl/ko/earth/

4. 가상 세계(virtual worlds)

현실과 유사하거나 혹은 완전히 다른 대안적 세계를 디지털 데이터로 구축한 것으로 3차원 컴퓨터 그래픽 환경에서 구현되는 커뮤니티를 총칭하는 개념

출처: https://community.secondlife.com/blogs/entry/8212-highlights-from-the-second-life-destination-guide-06112021/

|마치며|

1999년에 개봉한 영화 <매트릭스>는 인간을 에너지원으로 이용하려는 거대한 중앙 네트워크 '매트릭스'에 맞서 싸우는 저항군의 이야기를 담았다. 주인공 네오는 갖가지 다채로운 문화를 수용한, 아니 이를 초월한 존재였다. 이소룡의 쿵푸와 주윤발의 <영웅본색>, <공각 기동대>의 쿠사나기, <스트리트 파이터>와 <플레이스테이션> 등을 결합하여 초국가적인 형태를 내재화했다.

인터넷과 같은 탈중앙화 네트워크 커뮤니케이션이 보편화하면서 소수의 중앙집중적인 커뮤니케이션 구조는 해체되고, 우리는 무한한 데이터와 접촉하여 다원적인 정체성을 경험하게 되었다. 영화의 감독 워쇼스키 자매는 탈중앙화된 가상공간에서 문화의 경계를 허물고 복합적인 정체성을 체화하고 있는 현대인들의 다양한 욕망을 포착해낸 것이다.

블록체인, 암호화폐, CBDC는 욕망을 가진 다양한 세력들에 의해 생겨난 부산물이며 기존의 시스템을 허물고 나타난 새로운 유형의 기술이자 자산이다. 세상은 급변하고 있으며 연결되는 속도 또한 매우 빠르다. 인터넷은 세상을 디지털화 시켰고 정보의 격차를 줄였으나 빈부의 격차는 점점 커졌다.

블록체인의 등장과 함께 초연결사회화 되고 있다. 중앙화된 CBDC, 탈중앙화 암호화폐가 주체별 입맛에 맞게 발전하고 있다.

그렇다면, 국가의 비대한 권력으로 인해 CBDC만 확장될 것인가? 아니다. 각 국의 CBDC가 보편화할수록 암호화폐의 존재 가치 또한 커질 것이다. 암호화폐는 익명성이 보장되고 CBDC는 그렇지 않기 때문이다. 지하경제와 인간의 사생활 보호 본능을 무시할 수 없다. 국제통화기금(IMF)이 2018년 발간한 '전 세계 지하경제' 보고서에 의하면 조사 대상 158개국의 지하경제 비중이 평균 27.78%에 달한다.

CBDC, 암호화폐가 보편화하면 중개인인 상업은행은 설 자리를 잃게 된다. 더불어 일자리도 함께 줄어들어 중앙정부가 국민에게 자금을 분배해주는 시대가 올지도 모른다.

세상이 중앙집권화할수록 탈중앙화 욕구는 더욱 커진다. 아나키스트 피에르 조제프 프루동은 말했다. "타인에게 지배받는 것은 그렇게 할 권리도 지혜도 능력도 없는 실체에 의해 감시당하고, 지시받으며 규제받고, 가치를 규정당하는 것이다." 아나키즘은 이런 것들로부터의 해방이다. 그 해방을 구현한 것이 암호화폐이다.

블록체인 기술이 가져올 신산업혁명.
그 혁명 속에서 통제를 근본으로 하는 CBDC.
탈중앙화를 근본으로 하는 암호화폐.

중앙집권적 체제는 과거 역사로의 회귀이다. 통제가 많은 CBDC가 자유를 선호하는 사람들에게 선택받을 수 있을까?

출처: film-grab.com

<매트릭스>의 주인공 네오는 결국 빨간약(진정한 자유)을 선택한다.

책을 출판할 수 있도록 흔쾌히 허락해주신 박해진 대표님과 단기간에 책을 출판하느라 고생하신 편집진 모두에게 감사드린다.

투자자를 위한 책을 같이 한번 써보자는 제안에 선뜻 집필을 승낙한 공저자 레오님에게 존경심과 고마움을 표합니다. 국내 암호화폐의 바이블이라 할 수 있는 『넥스트 머니』의 저자 이용재 형에게 감사하다는 말씀드립니다. 마지막으로 어머니, 아버지, 누나 감사합니다. -김준형

집필을 제안해준 공저자 김준형님에게 감사합니다. 그리고 집필 기간 중 육아에 집중하지 못했음에도 불구하고, 이를 너그러운 마음으로 이해해주신 카시미로, 임이 데레사, 아내와 아들에게 감사하다는 말씀드립니다. 멀리서 물심양면으로 응원해주신 장인어른, 장모님, 처남께도 감사드립니다. -레오

김준형, 레오
2021년 여름

| 참고문헌 |

한국은행 금융결제국 결제연구팀, 2013년 2월, "비트코인의 현황 및 시사점"

한국은행 금융결제국, 2016.03.11., "디지털통화와 블록체인"

한국은행 북경사무소, 2018.01.23., "중국당국의 암호화폐 관련 주요 조치 및 영향"

자본시장연구원, 2018.03.15., "주요국의 가상통화 규제현황과 시사"

한국은행, 2018.07.06., "암호자산과 중앙은행"

경기연구원, 2018.11.01., "암호화폐의 현황과 현대화폐이론 관점에서의 비판"

이용재 외, 2019, 『넥스트 파이낸스』, 북저널리즘

정재승, 2010, 『물리학자는 영화에서 과학을 본다』, 어크로스

금융보안원, 2020년 12월, 『블록체인 동향정보 [2020년 하반기]』

과학기술정보통신부, 2021.01.29., "블록체인 기반 혁신금융 생태계 연구보고서"

도이치뱅크, 2021.02.03., 『The Future of Payments Series 2』 - "Part II. When digital currencies become mainstream_"

MIMESIS CAPITAL, 2021.02.11., "2021 Bitcoin Investment Research Report"

코인힐스, 2021.04.08., "Most traded National Currencies for Bitcoin"

골드만삭스, 2021.05.24., "Crypto: A New Asset Class?"

문화일보, 2021.06.07., 가상화폐가 살아남는 이유

김준형

　대학 시절 작품 전시회를 몇 차례 열며 예술가가 되고자 했다. 문득 돈 벌기는 글렀다는 생각이 들었고, 취업 시기가 다가오면서 세상이 어떻게 돌아가는지 관심이 생겼다. 자본의 흐름을 이해해야 한다고 판단하여 한국은행과 딜로이트컨설팅(Deloitte), 프라이스워터하우스(PwC)에서 금융 관련 일을 배웠다. 그리고 미래에셋자산운용에서 ETF 상품 개발 및 판매를 담당하면서 새로운 투자처 블록체인이라는 블루오션을 발견하게 되었다.

　암호화폐와 블록체인이 기술의 역사뿐만 아니라 금융의 역사에도 한 획을 그을 것으로 확신하며 연구한 내용을 기록하였다. 이 기록이 태동하는 산업 역사에 일조했다면 그걸로 행운이라 생각한다. 감사한 마음이다. 국내 주식시장의 음지에서 주가를 마구잡이로 뒤흔드는 작전 세력을 기술한 저서 『세력』을 집필하였다. 블로그에 시장과 사회, 정치에 대한 고민의 흔적을 남기고 있다.

https://blog.naver.com/junkim2006

레오

　현재 금융업에 종사하고 있다. 경제적 자유를 얻을 수 있는 대표적인 수단이 세 가지 있다. 사업, 부동산, 주식이다. 팬데믹으로 개인이 사업을 하기에는 어려움이 많으며, 부동산은 각종 규제가 도입되어 투자하기가 쉽지 않은 판국이다. 세상은 온통 주식과 암호화폐 이야기다.

　주식시장에 참여하며 터득한 기본적 분석 방법을 암호화폐에 적용하다 보니, 그 관심이 점차 암호화폐의 본질적 기술인 블록체인으로 쏠렸다. 암호화폐가 가진 내재가치가 무엇인지 알려면 과거 금융 역사를 토대로 우리가 마주한 현재 그리고 미래를 들여다볼 필요가 있다. 세계를 이끄는 경제 주체들은 어떻게 움직이고 있는지, 블록체인이 일으킬 구조적 혁명을 함께 파헤쳐 보고 싶다. 국내 주식시장에서 세력의 흔적을 찾아내는 방법을 기술한 저서 『세력』을 집필하였다. 블로그에 투자에 대한 고민의 흔적을 남기고 있다.

https://blog.naver.com/psl0408

코인시장의 큰손 … 블록체인의 미래를 만드는 7가지 에너지

ⓒ 김준형, 레오

초판 발행 2021년 9월 13일

지은이	김준형, 레오
펴낸이	박해진
펴낸곳	도서출판 학고재
등록	2013년 6월 18일 제2013-000186호
주소	서울시 마포구 새창로 7(도화동) SNU장학빌딩 17층
전화	02-745-1722(편집) 070-7404-2810(마케팅)
팩스	02-3210-2775
전자우편	hakgojae@gmail.com
페이스북	www.facebook.com/hakgojae

ISBN   978-89-5625-440-1 (13320)

- 이 책은 저작권법에 의해 보호받는 저작물입니다.
- 수록된 글과 이미지를 사용하고자 할 때에는 반드시 저작권자와 도서출판 학고재의 서면 허락을 받아야 합니다.
- 잘못된 책은 구입한 곳에서 바꿔드립니다.
- 이 책에 사용한 이미지 가운데 저작권자를 찾지 못하여 허락을 구하지 못한 일부 자료는 연락이 닿는 대로 절차에 따라
  적절한 조치를 취하겠습니다.